10대를 위한 경제학 수첩 플러스 +

사진출처 / 연합뉴스
01/한국은행에서 각 시중 은행으로 공급할 설날 자금(40쪽) 02/금융통화위원회(43쪽)
03/은행 창구(52쪽) 04/국고채발행 기념 행사(54쪽)

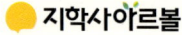

10대를 위한 경제학 수첩 플러스

© 글 이완배, 2017

1판 1쇄 발행 2017년 3월 10일 | **1판 2쇄 발행** 2017년 8월 1일
글 이완배 | **그림** 박순구
펴낸이 권준구 | **펴낸곳** (주)지학사
편집이사 강현철 | **편집장** 박미영 | **팀장** 김은영 | **편집** 문지연 전해인 김솔지
디자인 최지윤 | **제작** 김현정 박대원 이진형 | **마케팅** 손정빈 송성만
등록 2010년 1월 29일(제313-2010-24호) | **주소** 서울시 마포구 신촌로6길 5
전화 02.330.5297 | **팩스** 02.3141.4488
홈페이지 www.jihak.co.kr/arb/book | **블로그** blog.naver.com/arbolbooks

ISBN 979-11-85786-93-3 74300
ISBN 979-11-85786-09-4 74300(세트)
잘못된 책은 구입하신 곳에서 바꿔 드립니다.

지학사아르볼 아르볼은 '나무'를 뜻하는 스페인어.
어린이들의 마음에 담긴 씨앗을 알찬 열매로 맺게 하는 나무가 되겠습니다.

이 도서의 국립중앙도서관 출판시도서목록(CIP)은 서지정보유통지원시스템 홈페이지(http://seoji.nl.go.kr)와
국가자료공동목록시스템(http://www.nl.go.kr/kolisnet)에서 이용하실 수 있습니다.(CIP제어번호: CIP2017004514)

제조국 대한민국 **사용연령** 10세 이상
KC마크는 이 제품이 공통안전기준에 적합하였음을 의미합니다.

우리의 고민, 우리의 선택, 그것이 경제학이다!

참 많은 사람들이 물어봅니다. 경제학이 무엇이냐고, 그리고 왜 배워야 하냐고.

오랫동안 경제학 근처에서 생활했던 저는 이런 질문이 매우 난감합니다. 어떻게 답해야 할지 모르겠고, 제대로 된 답을 알고 있다고 생각하지도 않기 때문이지요. 다만 힌트는 찾아 나갈 수 있습니다.

옥스퍼드 대학교에서 경제사를 가르치는 애브너 오퍼 박사가 기자들에게 이런 질문을 받았다고 합니다.

"노벨 경제학상은 노벨 물리학상에 더 가깝나요? 노벨 문학상에 더 가깝나요?"

이때 오퍼 박사는 단호하게 이렇게 말했다고 하는군요.

"당연히 노벨 문학상에 더 가까워요. 경제학은 물리학처럼 답이 딱 떨어지는 학문이 아닙니다. 그런 면에서 경제학은 문학적인 성향이 더 강하죠. 경제학은 사람들이 선택하는 것입니다. 물리학자들이 어떤 주장을 펼치면 비전문가들은 반박하기 어렵죠. 하지만 경제학은 그렇지 않아요. 전문가가 뭐라고 말하든 누구나 반박할 수 있고, 선택할 수 있는 것이 경제학입니다."

저는 "왜 경제학을 공부해야 하나요?"라는 질문에 대한 답을 오퍼 박사의 가르침으로부터 찾습니다. 경제학은 바로 우리의 생활을 결정하는 학문이기 때문입니다. 그리고 우리는 수많은 경제학의 가르침 중에서 어떤 경제학을 선택할지 고민해야 합니다. 우리가 선택하지 않는다면 우리가 원하지 않는 나쁜 경제학이 선택될 수 있기 때문입니다. 투표하지 않으면 내가 원하지 않는, 나쁜 정치인이 당선될 수도 있는 것과 마찬가지로요.

복잡하고 어려운 경제학 용어에 너무 스트레스를 받지 마세요. 그 용어는 암기하라고 있는 것이 아닙니다. 마음으로 읽고, 정서적으로 이해하면 됩니다. 그리고 그런 독서와 이해가 우리를 보다 나은 경제학을 선택할 수 있도록 도와주는 길잡이가 될 것입니다.

부디 이 책이 청소년 여러분에게 보다 나은 선택의 기회를 제공하는 도움이 되기를 소망합니다.

이완배

차례

① **춤추는 물가의 비밀**
　　인플레이션과 디플레이션 ········ 8

② **은행은 어떻게 돈을 벌까?**
　　금융의 원리와 은행의 역할 ········ 20

③ **한국은행은 예금을 안 받는다고?**
　　중앙은행의 역할 ········ 32

④ **수익률의 달콤한 함정**
　　리스크와 수익률의 상관관계 ········ 44

⑤ **포기한 대가도 비용이다**
　　기회비용 ········ 56

⑥ **불황일수록 잘 팔리는 상품**
　　정상재와 열등재 ········ 68

⑦ **1+1은 2보다 크다?**
　　수확 체증의 법칙과 규모의 경제　　　　　　　　　80

⑧ **시장 질서를 어지럽히는 기업의 횡포**
　　독과점과 카르텔　　　　　　　　　　　　　　　92

⑨ **달러가 세계 경제의 중심이 된 이유**
　　기축 통화를 향한 경쟁　　　　　　　　　　　　104

⑩ **기업의 은밀한 숫자 놀음**
　　회계의 기초와 분식 회계　　　　　　　　　　　116

⑪ **공기업은 왜 존재할까?**
　　공기업과 민영화　　　　　　　　　　　　　　128

⑫ **내 것도 네 것도 아니라면?**
　　공유지의 비극　　　　　　　　　　　　　　　140

경제 용어 모아 보기　152

콕 짚어 찾아보기　158

1 춤추는 물가의 비밀

인플레이션과 디플레이션

교과 연계
초등 4학년 2학기 사회 1. 경제생활과 바람직한 선택
중학 사회① 14. 시장 경제의 이해

키워드로 주제 열기

정말 황당한 이야기이죠? 그런데 이 사건은 실제로 1946년 헝가리에서 일어났던 일입니다. 헝가리는 당시 극심한 인플레이션으로 고생하고 있었어요. 인플레이션이란 물가가 오르는 현상을 뜻하는데, 1940년대 헝가리에서는 인플레이션이 너무 심해서 하루에 물가가 두 배씩 오를 때도 있었습니다. 커피 한 잔을 마시는 동안 커피값이 오르기도 했지요. 인플레이션이란 보통 수요보다 공급이 부족할 때 생기는데, 한 나라에서 팔리는 물건이 턱없이 모자라면 이런 극단적 인플레이션이 생긴답니다. 반대로 물가가 내리고 경제 활동이 둔해지는 디플레이션은 공급보다 수요가 부족할 때 발생합니다. 극심한 인플레이션이나 디플레이션 모두 경제에는 좋지 않지요. 자, 그럼 **인플레이션**과 **디플레이션**이 왜 발생하고, 어떤 결과를 낳는지 알아볼까요?

돈을 수레에 싣고 다녀야 하는 나라

나라마다 화폐의 단위와 그 가치는 달라요. '100만'이라는 숫자를 놓고 생각해 볼까요? 한국에서 100만 원이면 그냥 현금이 좀 있는 정도입니다. 그런데 미국에서 100만 달러가 있다고 하면 엄청난 부자입니다. 미국 돈 100만 달러를 우리나라 돈으로 바꾸면 11억 원이 넘거든요.

그렇다면 아프리카의 짐바브웨라는 나라는 어떨까요? 이 나라는 한때 '짐바브웨 달러'라는 화폐를 썼어요. 그런데 짐바브웨에서 "나 전 재산이 100만 짐바브웨 달러야!"라고 하면 "아, 불쌍해라. 너 찢어지게 가난하구나."라는 동정을 얻었습니다.

2015년 6월 짐바브웨에서는 자국 화폐, 즉 짐바브웨 달러의 사용을 완전히 금지했습니다. 자국 화폐 대신 미국 화폐인 달러를 공식 화폐로 쓰기로 한 거지요. 짐바브웨 국민에게는 몹시 자존심이 상하는 조치이지만, 정부도 어쩔 수 없었어요. 짐바브웨 달러는 이미 휴지 조각보다도 못

↑ 짐바브웨 달러

1. 인플레이션과 디플레이션

한 존재였거든요.

짐바브웨 정부는 6월부터 3개월 동안 짐바브웨 달러를 미국 달러로 바꿔 줬습니다. 그런데 교환 비율이 황당했습니다. 3경 5,000조 짐바브웨 달러를 은행에 들고 가면 미화 1달러(약 1,100원)로 바꿔 준 겁니다. 그러니까 이전까지 이 나라에서는 대충 30,000,000,000,000,000(3경)짐바브웨 달러를 가게에 들고 가면 캔 커피 하나 정도를 사 먹을 수 있었다는 이야기지요. 즉, 커피를 사 먹으려면 돈을 수레에 가득 싣고 가야 하는 겁니다. 어휴, 생각만 해도 피곤하지요? 그래서 결국 정부가 짐바브웨 달러의 사용을 금지한 겁니다.

인플레이션이 생기는 이유

오늘 우리가 배울 두 경제학 용어를 소개합니다. 바로 인플레이션(inflation)과 디플레이션(deflation)입니다. 인플레이션은 물가가 오르는 현상을 뜻합니다. 반대로 디플레이션은 물가가 내리는 현상을 뜻하지요.

보통 경제학자들은 1년에 3~4% 정도 물가가 오르는 것을 안정적인 수준이라고 봅니다. 올해 1,000원에 팔던 물건이 내년에는 1,030원쯤 하면 정상적이라는 뜻이지요.

그런데 물가는 왜 오르는 걸까요? 사실 물가가 오르는 데에는 여러 원인이 있습니다만, 근본적으로 따지면 파는 물건에 비해 사려는 사람이 많기 때문입니다. 경제학 용어로 풀이하면 공급(물건의 양)에 비해 수요(사려는 사람)가 많기 때문에 물가가 오르는 거지요. 이걸 다시 세분화시켜 보면 다음과 같습니다.

> ❶ 공급은 정상적인데 수요가 넘치는 경우
> ❷ 수요는 정상적인데 공급이 줄어드는 경우   → **물가 상승**

❶은 공장에서 물건을 정상적으로 잘 만들고 있는데, 갑자기 사람들이 너도나도 물건을 사겠다고 덤비는 상황입니다. 사람들의 호주머니가 두둑해졌다는 뜻이지요. 즉 ❶의 경우라면 물가가 좀 올라도 걱정할 필요가 없습니다. 그만큼 사람들의 삶이 나아졌기 때문에 생기는 현상이니까요. 그래서 대부분의 선진국에서도 1년에 3~4% 정도 물가가 오르는 인플레이션을 바람직한 현상으로 보는 겁니다.

문제는 ❷입니다. 수요는 일정한데, 즉 사람들의 호주머니가 두둑해진 것은 아닌데 갑자기 공장에서 물건을 제대로 못 만들어 물가가 올라 버리는 겁니다. 매년 1만 개씩 생산하던 비누를 갑자기 5천 개만 만든다고 생각해 보세요. 사람이 세수를 안 하고 살 수는 없잖아요? 사람들이 너

1. 인플레이션과 디플레이션

도나도 비누를 사겠다고 덤비겠지요? 이래서 비누 가격이 확 올라 버리는 겁니다.

문제는 여기서 그치지 않습니다. 비누 공급량이 절반으로 줄었으니, 상식적으로 비누 가격은 두 배쯤 올라야 하는데, 실제 비누 가격은 그것보다 훨씬 더 오릅니다. 왜냐하면 사람들 마음속에 '비누는 내년에도, 내후년에도 모자랄 거야. 그러니 지금 최대한 많이 사 둬야 해!' 하는 심리가 생기기 때문이지요. 그래서 ❷의 경우에는 물가가 1년에 3~4% 정도씩 '가볍게' 오르지 않습니다. 불안한 소비자들이 너도나도 필요 이상으로 물건을 사재기해서 가격은 상상을 초월할 정도로 급등하지요.

앞에서 살펴본 짐바브웨가 바로 이런 경우였습니다. 2007년 짐바브웨의 물가 상승률은 자그마치 6만 6천%였고, 2008년에는 상반기에만 무려 2억%가 넘었습니다. 소득은 그대로인데 시중의 물건이 부족하니 그 가격이 마구 솟아오른 겁니다.

사실 이런 경우라면 짐바브웨 달러 대신 미국 달러를 쓴다고 해도 근본적인 문제가 해결되지 않습니다. 시중에 팔릴 물건이 충분하지 않으면 엄청난 인플레이션이 반복될 가능성이 높다고 봐야 합니다.

물가가 내린다고 좋은 게 아니다

이번에는 디플레이션의 원인을 살펴볼까요? 인플레이션을 이해했다면 디플레이션(물가 하락)은 쉽습니다. 반대로 생각하면 되니까요.

물가가 내리는 이유는 사려는 사람에 비해 파는 물건이 넘치기 때문입니다. 수요에 비해 공급이 많기 때문에 물가가 하락하는 것이지요. 이것도 다시 세분화해 봅시다.

❶ 수요는 정상적인데 공급이 넘치는 경우
❷ 공급은 정상적인데 수요가 줄어든 경우
→ 물가 하락

❶은 사람들의 소득은 그대로인데 갑자기 공장에서 엄청나게 물건을 많이 만드는 상황입니다. 보통 기술 혁신으로 공장의 생산성이 높아지면 이런 일이 생깁니다. 그래서 ❶의 경우라면 물건값이 싸져서 모든 국민들이 보다 풍요로운 삶을 누릴 수 있으므로 바람직한 상황으로 봅니다.

문제는 ❷입니다. 공장은 그냥 평소대로 물건을 생산했는데, 소비자들이 가난해져서 물건을 살 형편이 안 되는 겁니다. 이러면 물건값이

1. 인플레이션과 디플레이션

떨어져도 문제가 잘 해결되지 않습니다.

예를 들어 볼게요. 비누를 일 년에 1만 개 생산해 팔던 공장이 있는데, 갑자기 한 해의 비누 판매량이 5천 개로 줄었습니다. 소비자들이 그만큼 가난해졌기 때문이지요. 그러자 팔리지 않은 비누가 창고에 그대로 남아 버렸습니다. 어이쿠, 재고가 쌓이는 걸 지켜보고만 있을 순 없으니 가격을 절반으로 내려야겠네요. 하지만 그게 말처럼 쉬운 일은 아닙니다. 가격을 절반으로 떨어뜨리면 비누야 예전보다 잘 팔리겠지만, 비누 만드는 데 재료값도 들고 노동자들 월급도 줘야 하잖아요? 그러니 반값에 팔면 사장님 입장에서는 손해가 만만치 않지요.

손해 보고 팔 수는 없으니 사장님은 결국 가격을 절반으로 떨어뜨리지 못합니다. 그러면 당연히 비누가 다 안 팔리겠지요. 안 팔리는 비누가 산더미처럼 쌓여 있으니 공장은 자칫하면 망할 위기에 처합니다.

그래서 ❷의 이유로 발생하는 디플레이션은 매우 위험한 신호입니다. 이런 현상이 계속되면 공장이 줄줄이 파산하고, 결국 나라 경제 전체가 큰 위험에 빠질 수 있거든요.

디플레이션의 위험에 빠진 한국

안타깝게도 요즘 우리나라의 모습이 디플레이션 ❷에 가까운 상황입니다. 우리나라 통계청에서는 물가를 파악하기 위해 480여 개의 품목을 정해 두고, 이들의 가격 상승률을 집계해 평균을 냅니다. 이것을 '소비자 물가 상승률'이라고 하지요.

이 지표는 2009년 2.8%, 2010년 2.9%, 2011년 4.0%였습니다. 보통 선진국에서는 물가 상승률이 3~4%면 정상적인 것이라고 했지요? 우리도 이때까지만 해도 아무 문제가 없었다는 뜻입니다.

그런데 이 지표가 2012년에 2.2%로 떨어지더니 2013년과 2014년에는 1.3%로 추락했습니다. 급기야 2015년에는 이 수치가 0.7%까지 하락했습니다. 2016년에 겨우 조금 올라 1.0%에 이르렀지요.

물론 이 상황을 공식적으로 디플레이션이라고 부르지는 않습니다. 디플레이션은 물가가 하락하는 상황을 말하니까요. 즉 물가 상승률이 마이너스가 돼야 디플레이션이라고 부를 수 있는 겁니다.

그 대신에 물가 상승률, 즉 인플레이션이 빠른 속도로 둔화하는 상황을 '디스인플레이션(disinflation)'이라고 합니다. 지금 바로 우리가 그런

1. 인플레이션과 디플레이션

상황이지요. 3~4%였던 물가의 오름폭이 0.7%까지 떨어졌으니까요. 이런 디스인플레이션이 계속되면, 곧 물가가 마이너스가 되는 디플레이션이 발생할지도 모른다는 이야깁니다.

게다가 이것이 공장에서 물건을 많이 만들어서 생긴 현상이 아니라 실질적인 국민 소득이 줄어서 나타난 현상이란 게 문제입니다.※ 디플레이션 ❷의 위험이 높다는 이야기지요. 그래서 일부 전문가들은 "국민들의 소득을 획기적으로 높일 조치가 내려지지 않는다면 디플레이션이 발생해 국가 경제가 큰 위기에 빠질 수도 있다."라고 걱정합니다. 앞으로 우리나라 경제가 디플레이션의 늪에 빠지지 않을지 주의 깊게 살펴봐야 하는 상황이랍니다.

신선한 수제 소시지, 지금부터 한 시간만 70% 할인 들어갑니다! 떡갈비는 한 묶음 사시면 하나 더 드려요!

값이 싸졌지만 생활비가 부족해서 못 사겠어.

외면...

※ 실제로 한국은행에서 발표한 2015년 2분기 실질 국민 총소득(GNI)은 전 분기 대비 0.1% 감소했다.

② 은행은 어떻게 돈을 벌까?

 금융의 원리와 은행의 역할

교과 연계
중학 사회① 13. 경제생활의 이해
중학 사회② 11. 국민 경제와 경제 성장

키워드로 주제 열기

은행의 기원을 둘러싼 여러 의견 중 가장 유력한 설은 영국의 금세공업자와 관련한 이야기입니다. 만화에서 살펴본 것처럼, 17세기 영국 사람들은 값비싼 금을 안전하게 보관하기 위해 금세공업자에게 보관료를 내고 금을 맡기기 시작했어요. 금세공업자들은 보관증을 써 주면서, 보관증을 가져오면 언제든지 금을 내주겠다고 약속했지요. 그런데 금을 맡긴 사람들이 점차 지니기에 간편한 금 보관증을 화폐처럼 교환하고 다니며 금을 되찾으러 오지 않는 것입니다. 그러자 금세공업자들은 잠자는 금을 다른 사람들에게 빌려준 뒤 이자를 받기 시작해요. 이것이 바로 '필요한 곳으로 돈을 흐르게 한다'는 **금융**의 기능을 본업으로 삼는 **은행**이 탄생하게 된 배경이랍니다.

조삼모사 이야기의 비밀

중국의 고사성어 가운데 '조삼모사(朝三暮四)'라는 말이 있습니다. 아마 여러분도 한 번쯤은 들어 본 적이 있을 거예요. 이 고사성어의 유래는 다음과 같습니다.

집에서 원숭이 수십 마리를 기르던 주인이 어느 날 원숭이들을 모아 놓고 "이제부터 도토리를 아침에 3개, 저녁에 4개씩 주겠다."라고 말했어요. 그러자 원숭이들이 모두 반발하고 나섰지요. 그래서 주인이 "그럼 아침에 4개, 저녁에 3개를 주겠다."라고 바꿔 말하니 그제야 원숭이들이 좋다고 기뻐했답니다.

아침에 4개를 먹든 저녁에 4개를 먹든 어차피 하루에 도토리 7개를 먹는 건 마찬가지인데, 단순히 아침에 먼저 한 개 더 먹는다는 사실에 기뻐하다니. 참 어리석지요?

2. 금융의 원리와 은행의 역할

이러한 원숭이들의 경우에서 보듯 '조삼모사'라는 말은 '당장의 차이에 신경 쓰지만 결과는 마찬가지'라는 의미를 담고 있어요.

그런데 이 일화를 경제학의 관점에서 조금 다르게 해석해 볼까요? 재미있게도 이야기의 결론이 완전히 달라질 수 있답니다. 대체 어떻게 바뀌냐고요? 바로 원숭이들이 절대 바보가 아니었다는 사실이 드러난다는 겁니다. 원숭이를 속였다는 사실에 기뻐했을 주인이 오히려 더 어리석을지도 모른다는 말이지요.

물론 이건 원숭이가 아침에 도토리를 4개 받고 그중 1개를 은행에 맡겨 두었다고 가정했을 때의 이야기입니다. 이 세상에 도토리를 맡아 주는 은행은 없다고요? 여러분에게 쉽게 설명하기 위해 예를 든 것이니까 있다고 칩시다!

롤루랄라~. 아침에 받은 도토리를 은행에 맡기면 이자가 붙으니까, 저녁에 더 많이 먹을 수 있겠지?

나는야 똑똑한 원숭이!

아무튼 은행에 도토리 1개를 맡기면 원숭이는 아침에 3개의 도토리를 먹지만, 저녁에는 원래 있던 1개(원금이라고 할 수 있습니다)에 이자가 붙어(이자를 도토리 0.1개라고 해 보지요) 1.1개의 도토리를 찾아올 수 있습니다. 그렇게 되면 이 원숭이는 아침에 3개, 저녁에 4.1개의 도토리를 먹을 수 있습니다. 단지 0.1개 더 늘어난 것에 불과하지만 그 전보다는 분명히 이익이라는 것입니다.

금융이란 무엇인가?

2화에서 우리는 금융(金쇠금 融유통할융)의 원리와 은행의 역할에 대해 배울 것입니다. '금융'이라는 단어에서 '금'은 돈을 뜻합니다. '융'은 뭔가를 잘 흘러가게 한다는 의미지요. 그러니까 금융은 '돈이 잘 흘러가도록 하는 것'입니다.

신기한 점은 돈을 흘러가게만 해도 돈을 벌 수 있다는 것입니다. 이렇게 금융으로 돈을 버는 산업을 '금융업', 또는 '금융 산업'이라고 합니다. 앞서 말한 은행이 바로 금융 산업을 대표하는 곳이지요.

어떤 사람이 자동차를 만들었다고 해 봅시다. 그 사람은 자신이 만든 자동차를 차가 필요한 사람에게 팔 수 있겠지요. 이렇게 해서 돈을 버는 것은 쉽게 이해가 됩니다. 그런데 돈을 잘 흘러가도록 해서 돈을 번다는 것은 대체 무슨 뜻일까요? 경제학에서는 이렇게 가르칩니다. 생산 활동

2. 금융의 원리와 은행의 역할

을 통해 돈을 만드는 것뿐만 아니라 돈을 쓰고 싶은 욕구를 '참는 것' 역시 돈을 만들어 내는 행동이라고요.

예를 한번 들어 볼까요? 김소비 군은 최신 스마트폰을 사고 싶어 합니다. 요금제를 잘 선택하면 30만 원으로 스마트폰을 살 수 있다고 가정해 볼게요. 마침 김소비 군에게는 딱 30만 원이 있습니다. 만약 그 돈을 몽땅 스마트폰 사는 데 쓴다면 김소비 군의 수중에는 땡전 한 푼도 남지 않겠지요.

반면에 박인내 양은 "훌륭한 사람이 되려면 절약해야 한다."라는 선생님의 말씀이 생각나서 스마트폰을 사지 않기로 결심합니다. 이때 마침 박인내 양의 친구인 조대출 군도 스마트폰을 사고 싶어 합니다. 조대출 군은 참을성이 너무 없는 나머지 지금 당장 스마트폰을 사지 않으면 미쳐 버릴 지경이에요. 하지만 불행하게도 조대출 군에게는 돈이 한 푼도 없습니다.

앞서 말한 상황에서 박인내 양이 스마트폰을 사고 싶은 마음을 꾹꾹 참은 것은 단순히 '잘 참았다'는 것에 그치지 않습니다. 잘 참기도 했을 뿐만 아니라 그 돈으로 다른 훌륭한 일을 할 수 있기 때문이지요. 뭘 할 수 있냐고요? 아낀 돈을 조대출 군에게 빌려준다면 소중한 친구 한 명이 미치는 것을 막을 수 있잖아요!

자, 이렇게 물건을 사고 싶은 마음을 잘 참은 대가로 친구 한 명을 살렸습니다. 하지만 세상은 생각보다 냉정합니다. 아무리 친구라고 해도, 미칠 뻔했던 사람을 구해 줬는데 아무런 혜택이 없어서야 되겠습니까? 당연히 안 되지요! 적어도 경제적으로는 대가를 받아야 합니다. 다시 말해 이자를 받아야 한다는 뜻입니다.

오래 참을수록 높아지는 이자

경제학에서는 내가 쓰고 싶은 것을 참고, 남은 돈을 빌려줘서 받는 대가를 '이자'라고 부릅니다. 조삼모사 이야기에 등장하는 원숭이가 아침에 받은 도토리 4개 중 하나를 은행에 맡긴 뒤 저녁에 조금 더 많은 양의 도토리를 먹을 수 있는 이유가 바로 이 때문입니다.

도토리를 은행에 맡긴 원숭이 역시 그 도토리를 아침에 다 먹어 버리고 싶었을 겁니다. 하지만 꾹 참고 은행에 맡긴 것이지요. 그러면 아침에 도토리를 먹지 않으면 미칠 것 같은 다른 원숭이 한 마리가 은행에 와서 그 도토리를 빌려 갑니다. 저녁 때 갚기로 하고 말이지요. 물론 공짜로 빌릴 수는 없습니다. 당연히 이자를 내야 하지요. 도토리를 빌린 원숭이는 이자로 도토리 0.1개를 주기로 합니다. 은행은 그 이자를 받아 오전에 도토리를 맡겼던 원숭이에게 "잘 참으셨어요."라는 칭찬과 함께 지불해 주는 겁니다.

2. 금융의 원리와 은행의 역할

그런데 여기서 한 가지 알아 둬야 할 점이 있습니다. 이자는 '참는 대가'로 받는 것이기 때문에 '참는 시간'이 매우 중요한 요소로 작용한다는 점입니다. 예를 들어 친구에게 돈 1만 원을 빌려주면서 "자, 이  돈을 5분 뒤에 갚는 대신 이자로 1,000원을 내라."라고 하면 그걸 누가 빌려 가겠습니까? 오히려 싸움 안 나면 다행이지요. 그렇게 짧은 시간을 참는 것으로는 이자를 받을 자격이 충분하지 않다는 이야기입니다.

반면에 오래 참을수록, 그러니까 돈을 빌려줄 때 그 기간을 길게 정할수록 이자는 높아집니다.

예를 들어 요즘 시중 은행에 돈을 맡길 때 주는 정기 예금 이자가 1년에 1.25% 정도라고 해 봅시다. 맡기는 기간이 2년을 넘어가면 1.35%, 3년 이상이면 1.45% 이런 식으로 높아진다는 것이지요. 이자율에 영향을 미치는 중요한 요소가 바로 '돈을 맡기는 기간'이라는 뜻입니다.

예대 마진을 이해하자

이자란 무엇이고, 금융을 통해 어떻게 돈을 벌 수 있는지 기본적인 것을 이해했지요? 그렇다면 지금부터는 은행의 역할이 무엇인지 알아보겠습니다.

　금융 기관인 은행은 어떤 역할을 하고 있으며 어떤 방식으로 돈을 벌까요? 은행은 기본적으로 돈이 남는 사람들에게 예금을 받아서, 그 돈을 필요로 하는 사람에게 빌려주는 '중간 상인' 역할을 합니다. 박인내 양이 돈을 쓰지 않고 아꼈더라도, 주변에 조대출 군처럼 돈이 필요한 친구가 없다면 돈을 빌려줄 수 없겠지요? 은행이 중간에서 바로 이 둘을 연결해 주는 역할을 하는 겁니다.

　이때 은행은 돈을 맡긴 박인내 양(예금자)에게 이자를 주고, 돈을 빌리는 조대출 군(대출자)에게는 이자를 받습니다. 그런데 만약 양쪽의 이자가 똑같다면 은행은 돈을 벌 방법이 없겠지요. 그래서 은행은 예금 이자보다 대출 이자를 더 높게 책정합니다. 예금자에게 1년에 1.25% 정도의 이자를 준다면, 대출자에게는 1년에 2.5% 정도의 높은 이자를 받는 것이지요. 그러면 은행은 1.25%(2.5%-1.25%)의 차액을 챙길 수 있게 됩니다.

　여기서 이 차이를 예대 마진이라고 합니다. 대출 이자에서 예금 이자를 뺀 나머지 부분을 말하지요. 이 예대 마진이 커질수록 은행이 중간 상인 노릇을

> 예금자는 이자를 받으시고, 대출자는 이자를 내세요~!

2. 금융의 원리와 은행의 역할

하면서 얻는 수익은 늘어납니다. 예대 마진이 크다는 것은 예금 이자에 비해 대출 이자가 그만큼 높다는 뜻이고, 그 차액은 고스란히 은행의 수입으로 이어지기 때문입니다. 우리나라 은행이 얻는 수익의 대부분은 바로 이 예대 마진이 차지하고 있어요.

과거에 은행은 국민들에게 예금을 받아 그 돈을 주로 기업에 빌려줬습니다. 사업을 해야 하는 기업들은 늘 돈이 모자랐기 때문에 그 돈을 은행에서 대출(기업 대출)한 것이지요. 그런데 요즘은 상황이 조금 달라졌습니다. 오히려 기업은 돈이 남아도는데, 일반 국민들이 돈에 쪼들려 대출(가계 대출)을 많이 받는다고 하네요. 그래서 과거에는 은행이 주로 기업 대출을 통해 돈을 벌었는데, 요즘은 가계 대출로 돈을 버는 일이 많아졌답니다.

3 한국은행은 예금을 안 받는다고?

중앙은행의 역할

교과 연계
중학 사회① 14. 시장 경제의 이해
중학 사회② 11. 국민 경제와 경제 성장

1979년, 미국 연방 준비 제도 이사회(FRS) 사무실

안녕하십니까, 기자 여러분!

이번에 연방 준비 제도 이사회 의장으로 새로 임명된 폴 볼커입니다. 앞으로 열심히 하겠습니다.

▷ 미국의 중앙은행 (한국으로 치면 한국은행)

미스터 볼커, 새로 의장에 취임하셨는데 앞으로 어떤 일을 하실 겁니까?

특히 현재 물가가 급등하고 있습니다. 어떤 대책이 있지요?

하하, 질문이 많네요. 그렇습니다. 지금 미국은 물가가 너무 많이 올라서 문제가 많습니다.

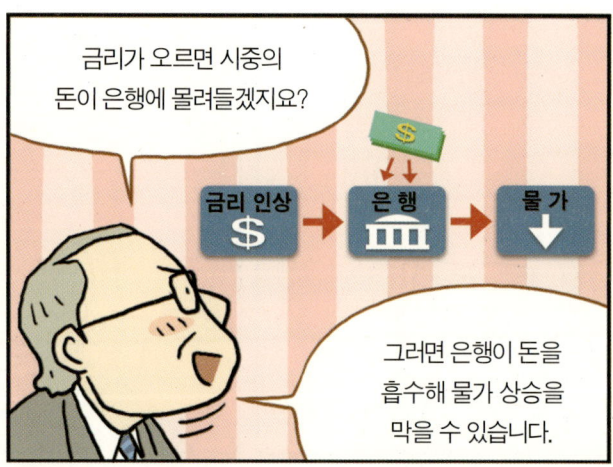

폴 볼커는 의장을 맡고 있는 동안 줄곧 높은 금리를 유지하는 정책으로 1979년 13.3%였던 물가 상승률을 1983년 3.2%까지 떨어뜨렸다.

키워드로 주제 열기

이번 시간에는 1979~1987년 미국의 중앙은행을 이끌었던 폴 볼커를 만나 봤습니다. 그는 '중앙은행의 첫 번째 기능은 물가 안정'이라는 소신 아래, 실로 무지막지하게 금리를 올려 치솟는 물가를 잡았어요. 1979년 10월 한 달 동안에는 금리를 무려 4%나 올렸지요. 요즘 미국의 연방 준비 제도 이사회가 금리를 0.25% 올린 것과 비교하면, 볼커가 얼마나 금리 인상에 적극적이었는지 알 수 있습니다. 3화에서는 **중앙은행**이 왜 존재하는지, 그리고 어떤 역할을 하는지 알아볼 것입니다. 그 전에 미리 두 가지를 알아 두면 좋겠어요. 중앙은행의 가장 큰 기능은 물가를 안정적으로 유지하는 것이라는 사실, 또 금리를 올리면 물가가 안정되는 효과가 있다는 사실입니다. 왜 그런지는 지금부터 살펴볼까요?

은행장이 없는 한국은행

　설날은 여러분에게 매우 행복한 명절일 겁니다. 어른들에게 세뱃돈을 두둑히 받을 수 있을 테니까요. 아마 1년 중 호주머니가 가장 넉넉할 때일 겁니다. 이때 세뱃돈으로 평소에 갖고 싶었던 물건을 사는 것도 좋지만, 은행에 저축해서 목돈을 마련하는 것은 어떨까요?

　어느 은행에 예금을 하면 좋냐고요? 에이, 그걸 말이라고요. 한국에서 은행 하면 단연 '한국은행' 아니겠어요? 이름부터 '한국'은행인데, 이 은행이 한국을 대표하겠지요.

　한국은행에 돈을 맡기면 이자는 얼마나 주냐고요? 그 정도는 각자가 알아서 확인해야지요. 시간 날 때 한국은행에 전화 걸어서 "그 은행에 예금하면 이자는 얼마나 주나요?"라고 문의해 보세요.

　그런데요……, 사실 지금까지 농담이었습니다(죄송합니다). 한국은행에 전화해서 "거기 예금하면 이자는 얼마인가요?" 이런 것을 물어보면 절대로 안 됩니다. 사실 한국은행은 일반인의 예금을 안 받거든요.

　은행에는 크게 세 종류가 있습니다.

3. 중앙은행의 역할

우리가 돈을 예금하거나 빌릴 수 있는 은행을 '시중 은행' 또는 '일반 은행'이라고 불러요. 농어민, 중소기업 등을 지원하기 위한 특수한 목적으로 만들어진 은행을 '특수 은행'이라고 하고요. 앞에서 언급한 한국은행은 '중앙은행'이라고 합니다.

중앙은행은 쉽게 말하면 '은행 중의 은행', '한 나라의 금융을 총지휘하는 은행'이라고 할 수 있어요. 중앙은행은 특수한 법에 따라 설립됩니다. 한국은행은 「한국은행법」이라는 법을 근거로 세워졌지요. 중앙은행은 한 나라에 딱 한 곳뿐입니다. 영국에는 잉글랜드은행, 프랑스에는 프랑스은행, 일본에는 일본은행, 그리고 한국에는 한국은행이 있지요.

보통 시중 은행에서 제일 높은 사람을 '은행장'이라고 부릅니다. 하지만 한국은행에서 제일 높은 사람은 '총재'라는 직함을 갖습니다. 시중 은행과 달리 한국은행 총재는 대통령이 임명한답니다. 임기는 4년이고요.

37

한국은행의 세 가지 기능

그렇다면 한국의 중앙은행인 한국은행은 구체적으로 무슨 일을 할까요? 실제로 매우 많은 일을 하지만, 한국은행의 기본적인 업무는 크게 세 가지입니다.

하나는 '발권 은행'의 기능입니다. 발권이란 화폐, 즉 우리가 쓰는 돈을 발행하는 일입니다. 화폐 발행의 독점적인 권한을 가진 곳이 바로 한국은행이지요. 물론 실제로 돈을 종이에 인쇄하는 곳은 '한국조폐공사'라고 따로 있습니다. 한국은행은 1년에 화폐를 얼마나 찍을지 결정한 뒤, 이를 한국조폐공사에 알려 주는 역할을 한답니다.

한국은행의 두 번째 업무는 '은행의 은행' 역할입니다. 시중 은행으로부터 남는 돈을 예금으로 받아서 이자도 주고, 또 시중 은행이 급하게 돈을 필요로 하면 대출도 해 주지요. 즉 시중 은행이 한국은행의 고객인 것입니다. 조금 전에 얘기했지만, 한국은행은 일반 개인을 상대로 예금이나 대출 업무를 하지 않습니다. 혹시 고객 이름이 '김은행'이어도 안 되는 건 안 되는 겁니다. 한국은행은 개인과 어떤 거래도 하지 않는다는 점을 기억하세요.

세 번째 업무는 '정부의 은행' 역할을 하는 것입니다. 정부는 세금으로 걷은 돈을 한국은행에 맡깁니다. 그리고 필요할 때마다 꺼내 쓰지요. 물론 정부가 돈이 부족할 때는 한국은행이 정부에 돈을 빌려주기도 합니다. "혹시 제 이름이 '최정부'인데 저는 한국은행을 이용하면 안 되나요?"라고 묻지 마세요. 개인은 안 된다니까요!

3. 중앙은행의 역할

통화량을 조절하다

한국은행은 이런 기본적인 역할 말고도 중요한 업무가 하나 더 있습니다. 바로 통화량을 조절하는 기능입니다. 여기에서 통화량은 휴대 전화 통화를 얼마나 했는지를 뜻하는 게 아니니 주의하세요.

통화는 한자로 '通貨(통할 통, 화폐 화)'인데 '시중에 유통되는 화폐'라는 뜻입니다. 즉 한국은행은 한국 사회에 유통되는 화폐의 양을 조절하는 기능을 한다는 뜻입니다.

앞에서 우리는 한국은행이 발권 기능을 가진 기관이라고 배웠지요. 혹시 "야, 그거 신나겠네요. 돈이 필요하면 막 찍어 내면 되잖아요!"라고 생각했나요? 그런데 그게 그렇게 쉬운 문제가 아니랍니다.

여기서 먼저 한 가지 알아 둬야 할 사실이 있습니다. 통화량이 늘어나면 물가가 오르고, 반대로 통화량이 줄어들면 물가가 내려간다는 점입니다. 세상에 팔리는 물건 양은 일정한데 유통되는 돈이 두 배로 늘었다

↑ 한국은행

↑ 한국은행에서 각 시중 은행으로 공급할 설날 자금

고 생각해 봅시다. 어제 1만 원에 팔렸던 물건은 이제 2만 원으로 뛰어야 합니다. 만약 이를 무시하고 물건을 어제 가격대로 1만 원에 팔면, 온 세상 물건을 다 팔아도 돈이 남아도는 황당한 사태가 벌어지지요. 물건이 없는데 돈이 무슨 소용인가요? 그래서 화폐를 찍어 내면 그 찍어 낸 비율만큼 물가도 오르는 겁니다. 그래야 돈의 양과 물건의 양이 딱딱 맞아떨어지기 때문이지요.

반대로 세상에 팔리는 물건 양은 일정한데 유통되는 돈이 절반으로 줄었다고 생각해 봅시다. 이러면 물건값도 절반으로 떨어져야 합니다. 예전의 가격대로 물건을 판다면, 물건이 절반이나 남아돌게 됩니다. 돈이 절반으로 줄었으니까요.

그런데 이렇게 통화량이 큰 폭으로 늘었다 줄었다 하면, 물가가 널뛰기를 하며 경제에 탈이 납니다. 따라서 한국은행은 혼란을 방지하고 물가를 적절한 수준으로 유지하기 위해 늘 '어느 정도의 돈을 시중에 돌게 해야 실물* 경기*와 통화량이 조화를 이룰 수 있을까?'를 고민합니다. 그래서 시중에 돈이 지나치게 적다고 판단되면 통화량을 늘리고, 반대로 시중에 돈이 지나치게 많다고 판단되면 통화량을 줄이는 일을 한답니다.

통화량 조절의 또 다른 수단, 금리

「한국은행법」제1조를 읽어 보면, "이 법은 한국은행을 설립하고 효율적인 통화 신용 정책의 수립과 집행을 통하여 물가 안정을 도모함으로써 국민 경제의 건전한 발전에 이바지함을 목적으로 한다."라고 돼 있습니다. 한국은행이 가장 우선으로 생각해야 할 일이 바로 물가를 안정시키는 일이라는 뜻이지요. 앞에서도 말했듯이 통화량을 적절히 조절해 물가가 갑자기 급등하거나 급락하는 일을 막아야 하는 것입니다.

그런데 한국은행이 통화량을 조절할 때 난감한 일이 하나 있습니다. 통화량을 늘려야 할 때는 한국조폐공사에 이야기를 해서 화폐를 더 찍으면 됩니다(물론 다른 방법도 있지만, 이것이 가장 쉽게 떠올릴 수 있는 방법이지요). 하지만 통화량을 줄여야 할 때는 어떻게 할까요? 사람들한테 "당장 돈 내놓으세요. 태워 버릴 거예요."라면서 유통되는 화폐를 강제로 빼앗을 수는 없잖아요?

❋ **실물** 현재 있는 물품
❋ **경기** 호황, 불황 등의 경제 활동 상태

이때 한국은행이 사용하는 정책이 금리 정책입니다. 금리는 쉽게 말하면 이자입니다. 우리가 은행에서 돈을 예금하면 이자를 받고, 돈을 빌리면 이자를 내야 합니다. 이걸 금리라고도 부르지요. 그런데 은행이 아무런 기준 없이 이자를 정하지는 않습니다. 그리고 그 기준이 되는 금리를 정하는 곳이 바로 한국은행입니다.

한국은행은 '금융통화위원회'라는 회의를 열어 시중 은행들이 이자를 정할 때 기준이 되는 '기준 금리'라는 것을 정합니다. 한국은행이 기준 금리를 높이면 시중 은행도 여기에 따라서 비슷한 수준으로 이자율을 높이지요.

이게 왜 중요하냐면, 금리를 높이면 통화량이 줄어드는 효과가 있기 때문입니다. 생각해 보세요. 은행 이자가 높아지면 사람들이 예금을 더 많이 하려고 하겠지요? 돈이 은행에 더 많이 몰리면 당연히 시중에 유통되는 화폐가 줄어듭니다. 이렇게 하면 한국은행이 통화량을 줄이고 싶을 때 유통되는 화폐를 억지로 걷으러 다닐 필요가 없어집니다.

반대로 한국은행이 통화량을 늘리고 싶다면, 화폐를 발행하는 것 말고 금리를 낮추는 방법을 써도

이거는 떼고,
이거는 붙이고!
이자율 5%
이자율 3%
여보! 이자율이 높아졌어.
어서 적금 하나 들어야겠군.

3. 중앙은행의 역할

↑ 금융통화위원회

됩니다. 이자가 낮아지면 사람들은 굳이 은행에 돈을 맡기지 않고 쓰려고 할 테니까요.

발권 정책을 통해서건 금리 정책을 통해서건, 한국은행이 하는 일을 한마디로 정리하면 '시중에 유통되는 화폐의 양을 조절해 물가를 안정시킨다'는 것입니다. 이것이 3화에서 기억해야 할 한국은행의 가장 중요한 기능이랍니다.

4 수익률의 달콤한 함정

리스크와 수익률의 상관관계

교과 연계
중학 사회① 13. 경제생활의 이해
중학 사회② 11. 국민 경제와 경제 성장

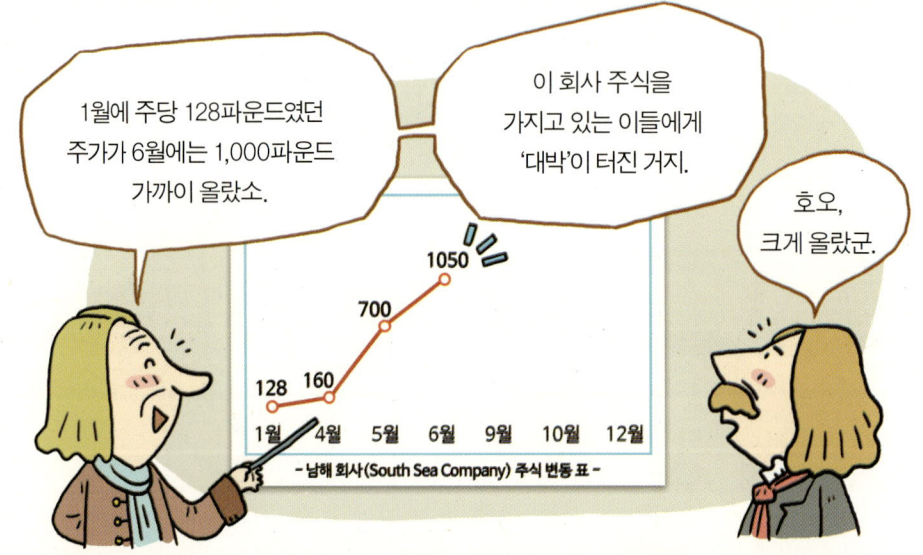

키워드로 주제 열기

물리학자 뉴턴의 이야기, 재밌게 봤나요? '위대한 물리학자'로만 알려진 뉴턴은 사실 1720년 즈음에 남해 회사 주식에 투자했다가 큰 낭패를 봅니다. 뉴턴은 투자에서 대실패를 경험한 뒤 "나는 천체의 움직임은 계산할 수 있어도 사람들의 광기는 도저히 예측 못하겠다."라고 한탄했다는군요.

투자란 이익을 얻기 위해 어떤 사업에 돈을 대는 것을 뜻합니다. 그런데 "기대할 수 있는 수익이 엄청나게 높다."라는 말로 투자자를 끌어모으는 경우가 종종 있어요. 남해 회사처럼 말이지요. 문제는 이처럼 기대 수익이 높은 투자에는 '반드시' 원금을 날릴 위험도 따른다는 사실이에요. 경제학에서는 이를 "기대 수익과 위험은 비례한다."라고 표현하지요. **수익률과 위험의 관계**에 대해 자세히 알아볼까요?

친구끼리 돈거래 할 때 주의해야 할 점

"야, 1만 원만 빌려줘. 내일 갚을게."

"응, 그 대신 이자까지 해서 내일 1만 1,000원 갚아."

혹시 친구들과 이런 거래를 해 본 적 있나요? 해 봤다면 빌려준 쪽이었나요, 아님 빌린 쪽이었나요? 만약 빌려준 쪽이라면, 그러니까 1만 원 빌려주고 하루 만에 1,000원을 이자로 받았다면 진정한 날강도가 되시겠습니다.

이 거래를 경제적으로 해석해 봅시다. 은행에 돈을 맡기면 '이자'를 준다는 사실을 알고 있지요? 요즘 은행은 예금의 대가로 1년에 1.5% 정도 이자를 줍니다. 이 말은 1만 원을 은행에  맡기면 1년 뒤에 고작 150원을 더 준다는 이야깁니다.

그런데 친구한테 1만 원을 빌려주고 하루 만에 10%인 1,000원을 이자로 받는다고 했지요? 하루에 1,000원이니 이걸 1년 365일로 환산하면 연 이자율이 3,650%가 됩니다. 이렇게 계산된 연 이자율을 반영해 보면, 위의 대화는 다음과 같습니다.

"야, 1만 원만 빌려줘. 내년에 갚을게."

4. 리스크와 수익률의 상관관계

"응, 그 대신 이자까지 해서 내년에 37만 5,000원(원금 1만 원+이자 36만 5,000원) 갚아."

이런 거래를 친구끼리 할 수 있겠어요? 우리나라에서는 돈을 빌려주고 너무 비싼 이자를 물리는 일을 막기 위해, 개인 간 돈거래에서 연 최고 이자율이 25%를 넘지 못하도록 법으로 정해 놓았습니다.

법이 정한 최고 이자율도 연 25%인데, 학생인 여러분이 연 이자로 3,650%를 받아요? 큰일 날 소리입니다.

은행의 수익원은 예대 마진

4화의 주제는 리스크(risk 위험)와 수익률의 관계입니다. 이를 제대로 이해하려면 먼저 수익률이 어떻게 정해지는지 알아야 합니다. 우리 주위에서 '돈으로 돈을 버는', 즉 수익을 내는 아주 쉬운 방법이 은행에 돈을 맡기고 이자를 받는 것입니다. 따라서 먼저 '이자'를 공부하면서 수익률의 특징을 이해해 볼까요?

우리는 이미 은행에 돈을 맡기면 이자를 준다는 사실을 알고 있습니

다. 그런데 여기서 꼭 알아야 할 사실이 있습니다. 은행에 돈을 맡기면 무조건 이자를 주는 것이 아니고, 반드시 '일정 기간' 이상을 맡겨야 이자를 준다는 사실입니다. 돈을 예금하자마자 1초도 안 돼 "이자 주세요."라고 말하면 은행에서 쫓겨난다는 말이지요.

그렇다면 은행은 왜 고객에게 이자를 줄까요? 바로 고객이 '일정 기간'을 맡긴 대가로 주는 것입니다.

은행에 예금을 하는 사람은 당장 돈을 쓰고 싶은 마음을 참고 돈을 맡기지요? 그러면 은행은 그 돈을 받아 지금 당장 돈이 절실하게 필요한 사람한테 빌려줍니다. 이것을 대출이라고 합니다.

요즘 은행은 예금을 한 사람에게 연 1.5%가량의 이자를 주는 대신, 대출을 받는 사람한테는 연 3%쯤 되는 이자를 받습니다. 그리고 그 차이(연 1.5%)를 자기들이 챙기지요. 이러한 대출 이자(약 연 3%)와 예금 이

4. 리스크와 수익률의 상관관계

자(약 연 1.5%)의 차이(연 1.5%)를 '예대 마진'이라고 부릅니다. 이 예대 마진이 은행의 수익원이랍니다.

위험이 클수록 수익률은 높아진다

그렇다면 이제 리스크와 수익률의 관계에 대해 살펴볼게요. "은행에 맡기면 이자를 연 1.5% 준다고요? 애걔, 100만 원 맡겨 봐야 1년에 이자가 고작 1만 5,000원이네요. 너무 적어요!"라고 말씀하시는 분! 바로 그런 분들을 위해 은행이 아닌 새마을금고나 저축 은행을 소개할게요.

신한은행, 하나은행, 우리은행처럼 우리가 흔히 접하는 시중 은행을 '제1금융권'이라고 부릅니다. 이런 전국적인 규모의 큰 은행 말고, 텔레비전에서 광고를 많이 하는 ("3분에 대출 OK!" 이런 광고를 하는 곳 말입니다.) ○○ 저축 은행, ○○ 금고 같은 곳에 돈을 맡기면 예금 이자가 연 2.5% 정도 됩니다. 은행에 비해 1% 정도 높지요. 이런 금융 기관을 보험 회사, 증권 회사와 더불어 '제2금융권'이라고 부릅니다.

이렇게 은행을 제외한 금융 기관을 통틀어 가리키는 말이지요.

그렇다면 궁금증이 생기는군요. 제2금융권이 제1금융권보다 이자를 많이 주는 이유가 뭘까요? 그것은 바로 리스크, 즉 위험 때문입니다.

금융 기관에 돈을 맡길 때 제일 겁나는 일이 무엇일까요? 그건 바로 금융 기관이 망하는 겁니다. 그렇게 되면 이자는커녕 원금마저 홀라당 날릴 수도 있으니까요.

제2금융권은 제1금융권에 비해 규모가 현저하게 작은 금융 기관들입니다. 따라서 제1금융권인 시중 은행에 비해 망할 확률도 높지요. 고객들이 그런 위험을 알고 제2금융권 회사들을 꺼리기 때문에 제2금융권 회사들은 제1금융권인 은행보다 더 높은 이자로 고객을 끌어들이려는 겁니다.

한마디로 정리하자면 위험과 수익률의 관계는 비례합니다. 위험이 큰 곳에 투자할수록 더 높은 수익률을 기대할 수 있지요. 조금 더 위험한 금융 기관인 제2금융권에 돈을 맡겼을 때, 안전한 제1금융권에 맡기는 것보다 더 높은 수익을 얻을 수 있는 것처럼 말이에요.

하지만 수익률이 높을수록 원금을 날릴 위험도 큽니다. 한국의 제1금융권 은행은 정말 웬만하면 망하지 않습니다. 이자는 좀 낮지만, 원금을 날릴 위험이 거의 없지요. 반면에 제2금융권의 회사들이 망하거나 영업정지를 당한 사례는 꽤 여러 번 있었습니다.

얼마만큼의 위험을 감수할까?

세상에서 가장 안전하게 돈을 보관하는 방법은 뭘까요? 집에 있는 금고 깊숙이 넣어 두는 것 아닐까요? 금고에 넣은 돈은 도둑을 맞거나 집이 무너지지 않는 한 잃어버릴 일이 거의 없으니까요. 하지만 위험이 적은 만큼 기대할 수익도 없습니다. 금고에 돈을 넣어 둔다고 금고가 이자를 내줄 리는 없으니까요.

그다음으로 안전한 방법은 무엇일까요? 웬만하면 망하지 않는 곳에 돈을 맡기는 것인데, 그게 바로 국가입니다.

국가는 전쟁이 나서 다른 나라에 정복되지 않는 한 망하기가 어렵습니다. 각 나라 정부는 필요한 돈을 끌어다 쓰기 위해 '채권'이라는 것을 발행합니다. 사람들이 국채, 즉 국가에서 발행하는 채권을 사면 정부는 그 돈을 국가 운영에 쓰지요. 채권을 사는 것은 곧 '국가라는 은행'에 돈을 맡기는 것을 뜻합니다.

↑ 국채의 한 종류인 국고채 발행 기념 행사

그럼 돈을 맡겼으니 당연히 이자가 있겠지요? 한국 정부는 채권을 산 사람들에게 연 1.5% 정도의 이자를 줍니다. "어라? 은행에 맡기는 것하고 비슷하네요?"라는 질문이 바로 나오는군요. 그렇습니다. 이 말인즉슨, 한국의 은행들이 망할 확률이 한국 정부가 망할 확률만큼 낮다는 이야기입니다. 한국의 제1금융권 은행들은 돈을 맡기기에 한국 정부만큼이나 리스크가 낮습니다. 그래서 채권의 이자율과 예금의 이자율이 비슷하지요.

앞에서 제가 개인들끼리 금융 거래를 할 때, 법적으로 최고 연 25%의 이자를 받을 수 있다고 했지요? "와, 그러면 은행에 맡기는 것보다 친구한테 빌려주는 게 훨씬 이익이네요."라고 말하는 사람도 있겠네요.

물론 그렇습니다. 기대 수익률로만 따지면 은행에 돈을 맡기는 것보다 친구한테 돈을 빌려주고 연 25% 이자를 받는 게 이익이지요. 하지만 이런 경우, 친구가 시치미 뚝 떼고 돈을 안 갚을 위험이 생깁니다. 은행은 망할 확률이 거의 없기 때문에 맡긴 돈과 이자를 99.99% 이상 찾을 수

4. 리스크와 수익률의 상관관계

있지만, 성격 나쁜 친구한테 돈을 잘못 빌려줬다가는 원금을 홀라당 날릴 가능성이 있는 것이지요.

'위험을 얼마나 감수할 것인가'는 개개인의 성향에 따라 달라집니다. 만약 '나는 위험이 좀 있더라도 높은 수익률을 택하겠어!'라고 생각한다면, 친구에게 빌려주고 연 25%의 이자를 받으려고 하겠지요. 하지만 '나는 어떤 일이 있어도 원금을 잃어서는 안 돼!'라는 생각이 확고하다면, 그냥 연 1.5% 이자를 받고 은행에 예금하는 게 더 낫습니다.

높은 수익률에는 위험이 따릅니다. 이 사실을 잊어서는 안 됩니다. 만약 살면서 누군가가 여러분에게 "연 25% 이상 수익을 무조건 보장한다. 우리에게 돈을 맡겨라!" 하고 꾄다면, 반드시 먼저 생각해 보세요. '저렇게 높은 수익을 보장한다고 할 때는 반드시 그만한 위험이 따를 거야. 과연 그 위험이 무엇일까?'라고요.

5 포기한 대가도 비용이다

 기회비용

교과 연계
초등 4학년 2학기 사회 1. 경제생활과 바람직한 선택
중학 사회① 13. 경제생활의 이해

키워드로 주제 열기

이번 시간에 살펴본 일화는 '깨진 유리창의 오류'라는 유명한 이야기입니다. 프랑스의 경제학자 클로드 프레데리크 바스티아(1801~1850년)가 자신의 에세이《보이는 것과 보이지 않는 것》에 발표한 것이지요. 바스티아가 직접 **기회비용**이라는 용어를 사용한 것은 아니지만, 이 이야기는 현대 경제학에서 기회비용의 원리를 설명하는 원조 격으로 여겨집니다.

이 일화의 요지는 간단합니다. 어떤 일을 평가할 때는 그 선택 대신 다른 선택이 이뤄졌을 때 무슨 일이 벌어졌을 것인지까지 함께 살펴보라는 것입니다. 기회비용도 마찬가지지요. 눈에 보이는 비용인 '돈과 시간' 말고, 그 돈과 시간을 다른 곳에 썼을 때 얻을 수 있는 만족까지도 비용으로 계산해야 한다는 것이 바로 기회비용의 핵심 개념이랍니다.

인생은 선택의 연속이다

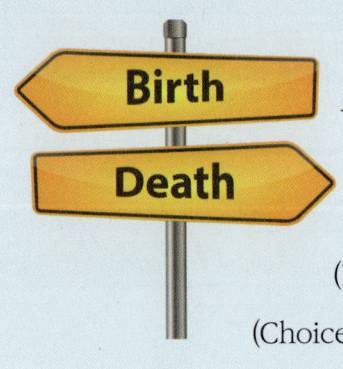

프랑스의 철학자이자 소설가인 장 폴 사르트르는 이렇게 말했습니다.

"인생은 B와 D 사이의 C다."

이게 무슨 뜻이냐고요? 사람은 태어나서(Birth) 죽을 때(Death)까지 끊임없이 선택(Choice)을 해야 한다는 말이지요.

과연 그렇습니다. 인생은 그야말로 '선택(Choice)'의 연속이라 해도 과언이 아닙니다.

지금 여러분이 이 책을 읽고 있는 것도 선택의 결과입니다. 책을 읽을 것이냐, 아니면 그냥 침대에 누워서 쉴 것이냐, 그것도 아니면 나가 놀 것이냐 중 책을 읽는 것을 선택했다는 이야기지요(매우 잘 선택한 일입니다).

혹시 시험공부 중이었다면, 그것도 선택의 결과입니다. 편하게 휴대 전화를 만지작거리는 대신, 공부를 선택한 것이지요(이것도 매우 잘 선택한 일입니다).

자, 그렇다면 여러분은 지금까지 어떤 기준으로 이런 수많은 선택을 해 왔나요? 그냥 기분 내키는 대로? 아니면 부모님이나

5. 기회비용

선생님이 시키는 대로? 에이, 그러면 되나요. 여러분도 이제 스스로 판단할 수 있는 어엿한 10대잖아요. 선택을 할 때는 자신만의 기준이 있어야 하지요.

5화에서는 여러분에게 선택의 경제적 기준 하나를 소개해 드릴까 합니다. 바로 기회비용(opportunity cost)입니다.

비용과 편익을 비교하자

기회비용을 제대로 이해하기 위해서는 '비용'과 '편익'의 의미를 먼저 알아야 합니다. 비용이란 무엇을 얻기 위해 내가 지불하는 대가를 뜻합니다. 편익은 비용을 내고 얻을 수 있는 만족을 뜻하지요.

1,000원을 내고 아이스크림을 사 먹었다고 해 볼까요? 이때 그 달콤함을 얻기 위해 낸 1,000원을 비용이라고 하고, 아이스크림을 먹어서 얻은 '달콤한 만족'을 편익이라고 합니다.

일반적으로 사람들은 선택을 할 때 비용과 편익의 크기를 비교하기 마련입니다. 아무리 생각해도 1,000원의 비용을 내고 얻은 달콤함이 그 가치에 못 미친다면, 그 사람은 아이스크림을 사 먹지 않겠지요. 반면에 그 달콤함이 1,000원 이상의 편익을 안겨 준다면, 그 사람은 기꺼이 아이스크림을 사 먹을 것입니다.

다시 말하면 편익이 비용보다 클 때 소비자는 기꺼이 비용을 지불하고, 편익이 비용보다 적을 때 소비자는 돈을 아낀다는 겁니다.

　우리의 영원한 과제(!)인 공부는 어떨까요? 공부도 하나의 선택입니다. 놀거나 잠을 자는 대신 공부를 한 거니까요. 이때 공부를 위해 지불해야 하는 비용은 내가 투자하는 시간이 될 것입니다. 반면에 만족(편익)은 성적이 올랐을 때 느끼는 행복한 감정이겠지요?

　이 선택에도 비용과 편익의 비교가 필요합니다. 하루 5시간을 공부에 투자하면 성적이 10점 오른다고 가정해 보지요. 10점이 오르면 부모님도 기뻐하시고, 선생님도 기뻐하시고, 스스로도 뿌듯한 사람이 있습니다. 그래서 희생한 5시간이라는 비용보다 성적이 10점 오르는 게 편익이 더 크다면 이 학생은 기꺼이 공부를 할 것입니다.

　반면에 성적이 10점 올랐는데 알아주는 사람도 없고, 본인도 성적에 별 관심이 없다면 희생한 5시간이라는 비용이 10점 오른 편익보다도 작을 수 있습니다. 그렇다면 당연히 5시간 동안 그냥 신나게 놀겠지요.

비용 계산의 혁신적 방식, 기회비용

여기에는 한 가지 중요한 사실이 있습니다. 경제학적으로 비용을 계산할 때는 신중해야 한다는 점입니다.

일반적으로 비용은 '내가 들인 돈이나 시간'을 단순히 합해 계산합니다. 하지만 경제학에서는 이를 좀 다르게 생각해요. 단순히 들인 돈이나 시간만을 비용으로 보는 것이 아니라, 그 돈과 시간을 다른 곳에 썼을 때 얻을 수 있는 만족까지도 비용으로 보는 것입니다. 이것을 바로 기회비용이라고 부릅니다. 즉 기회비용이란 '하고 싶은, 혹은 갖고 싶은 여러 가지 중에 한 가지를 선택했을 때, 포기한 다른 것으로부터 얻는 효용'을 뜻합니다. 그리고 이 기회비용을 계산할 때는 눈에 보이는 명시적 비용뿐만 아니라 눈에 보이지는 않지만 현재 선택 때문에 다른 것을 포기함으로써 발생한 암묵적 비용, 두 가지를 모두 고려해야 합니다.

조금 어려워졌지요? 예를 들면 이런 겁니다. 소녀시대 팬인 김소녀 양과 박시대 군이 소녀시대 콘서트에 가기 위해 용돈을 탈탈 털어 각각 5만 원짜리 티켓을 구입했다고 칩시다. 콘서트를 보기 위해서는 약 4시간이 필요합니다. 이때 티켓값 5만 원이 명시적 비용이 됩니다. 이 5만 원은 콘서트를 가지 않았다면 발생하지 않았을 비용이기 때문에, 콘서트를 감으로써 '포기한 가치'에 포함시켜야 하는 것이지요.

그런데 두 사람은 상황이 좀 다릅니다. 김소녀 양은 평소에 시간당 7,000원씩 받는 아르바이트를 하는 데 비해, 박시대 군은 아르바이트를 하지 않거든요. 즉 김소녀 양은 박시대 군과 달리, 소녀시대 콘서트에 가려면 아르바이트를 포기해야 하는 겁니다. 그렇다면 이 두 사람은 같은 비용을 지불했을까요? 그렇지 않다는 게 바로 기회비용의 가르침입니다.

박시대 군이 콘서트를 보기 위해 지불한 비용은 명시적 비용 5만 원뿐입니다. 하지만 김소녀 양은 다릅니다. 만약 김소녀 양이 콘서트 대신 아르바이트를 선택했다면, 콘서트를 보러 간 4시간 동안 2만 8,000원(시간당 7,000원×4시간)을 벌 수 있었기 때문입니다. 바로 이 2만 8,000원이 암묵적 비용입니다. 벌 수 있었는데 포기했기 때문에 비용으로 보는 겁니다. 따라서 김소녀 양이 콘서트를 선택함으로써, 티켓값 5만 원에 아르바이트를 포기한 암묵적 비용 2만 8,000원까지 합쳐 총 7만 8,000원의 기회비용이 발생한 셈이지요.

결국 박시대 군보다 김소녀 양이 더 많은 비용을 지불하고 콘서트를 봤다고 할 수 있는 겁니다.

올바른 선택을 위해 기회비용을 따져 보자

콘서트를 보러 가는데 왜 이렇게 복잡한 계산을 하냐고요? 경제적으로 합리적인 선택을 하기 위해서입니다. 기회비용을 계산해 봄으로써 실제로 내가 지불해야 하는 비용이 얼마인지, 그 비용이 편익과 얼마나 차이가 나는지 정확히 알 수 있거든요.

지방 출장을 자주 다니는 김출장이 서울에서 부산으로 출장을 갈 일이 생겼다고 해 볼까요? 고속버스를 타면 교통비는 4만 원밖에 안 들지만 4시간이나 걸립니다. 비행기를 타면 교통비는 10만 원이나 들지만 한 시간 만에 갈 수 있고요.

과연 김출장은 어떤 선택을 해야 할까요? 애매하지요? 만약 김출장이 4시간이나 걸려도 교통비를 아끼는 걸 선호한다면 버스를 타겠지요. 반면에 김출장이 돈보다 시간을 더 중요시하는 사람이라면 비행기를 탈 거고요.

여기에 전제를 하나 더 붙이면 계산을 보다 분명히 할 수 있습니다. '김출장은 평소 한 시간에 1만 원을 번다'는 전제 말입니다. 이 전제가 있으면 기회비용 개념을 이용해 어떤 선택이 김출장에게 가장 적절한지 쉽게 계산할 수 있습니다. 한번 해 볼까요?

김출장이 비행기 대신 버스를 탄다면 교통비는 6만 원(비행기 10만 원-고속버스 4만 원)을 아낄 수 있습니다. 그 대신 이때에는 3시간(고속버스 4시간-비행기 1시간)을 포기해야 하지요. 이때 포기하는 3시간이 바로 암묵적 비용입니다. 그리고 김출장은 시간당 1만 원을 번다고 했으니, 3시간의 가치는 3만 원이 됩니다. 즉 고속버스를 타면 교통비 6만 원을 아끼는 대신 3만 원(3시간)을 암묵적 비용으로 지불해서, 아끼는 금액이 총 3만 원인 셈입니다.

반면에 비행기를 타면 교통비는 6만 원을 손해 보는 대신 3시간을 아껴 3만 원을 벌 수 있고요. 하지만 이렇게 하면 최종적으로는 3만 원을 손해 보게 되지요. 따라서 김출장은 시간이 좀 더 걸리더라도 고속버스를 타고 오는 게 가장 현명한 선택인 겁니다.

그런데 김출장이 시간당 3만 원씩 버는 사

5. 기회비용

람이라면 이야기가 완전히 달라지지요. 이때에는 교통비가 좀 더 들어도 (6만 원 손해) 3시간을 아끼는 게 더 이익입니다. 그 3시간 동안 일하면 9만 원을 벌 수 있으니까요. 이제 이해가 됐나요?

 잘 기억해 둬요. 기회비용은 선택의 연속인 인생을 살면서 경제적으로 올바른 선택을 할 수 있도록 도와주는 유용한 개념이라는 것을요.

6 불황일수록 잘 팔리는 상품

 정상재와 열등재

교과 연계
초등 4학년 2학기 사회 1. 경제생활과 바람직한 선택
중학 사회① 14. 시장 경제의 이해

2001년 미국

징글벨~ 징글벨~

휴, 올해 크리스마스 선물은 뭘 사야 할까…….

작년엔 보너스를 받아서 보석을 선물했는데,

올해는 주머니 사정이 너무 나쁘네.

그림의 떡

사탕? 포장은 그럴듯하군.

이걸 사다 줄까…….

아니야. 여자 친구가 서운해할지도 몰라.

사탕?

키워드로 주제 열기

2000년 미국은 정보 기술(IT) 회사들의 주가가 크게 뛰어 경기가 매우 좋았습니다. 그 영향으로 그해 크리스마스 때의 보석 판매량은 사상 최대치를 기록했지요. 그런데 이듬해 IT 기업들의 주가가 거짓말처럼 폭삭 주저앉았습니다. 이 때문에 크리스마스의 경기도 크게 침체됐지요. 놀랍게도 이 불경기에 유난히 사탕 가게만 장사가 잘됐다고 하네요. 소득이 줄어든 소비자들이 크리스마스 선물로 보석보다 훨씬 싼 사탕을 선택했기 때문입니다.

일반적으로 상품에 대한 수요는 소비자의 소득이 줄어들면 함께 감소하기 마련이지요. 하지만 2001년 크리스마스 때의 사탕처럼, 소비자의 소득이 줄었는데 오히려 수요가 늘어나는 상품이 있습니다. 바로 **열등재**라고 불리는 독특한 재화이지요. 더 자세히 알아볼까요?

반값 휴대 전화 케이스와 소득 효과

김경제 군이 엄마와 함께 마트에 갔습니다. 김 군은 갈 때 속으로 이런 생각을 했지요.

'휴대 전화 케이스가 하나 필요하니까, 합리적인 가격에 괜찮은 제품이 하나 있으면 사야지!'

그런데 마침 마트에서 '휴대 전화 케이스 반값 할인!'이라는 문구를 발견합니다. 오! 평소 사고 싶었던 휴대 전화 케이스가 눈에 확 들어오는군요. 어제까지는 2만 원이었는데 할인해서 오늘은 1만 원에 팔더란 말이지요.

"그래! 결심했어!"

김 군은 마침내 1주일치 용돈인 1만 원을 탈탈 털어 그 휴대 전화 케이스를 사고야 맙니다.

아, 정말 재미도 없고 감동도 없는 이야기로군요. 김 군의 휴대 전화 케이스 구입은 그야말로 언제, 어디서건 일어날 수 있는 평범한 사건이지요. 그런데 경제학이라는 분야는 참 이상합니다. 이 무덤덤한 사건에서도 대단한(!) 경제 이론을 뽑아내거든요.

우선 '소득 효과'라는 말을 알아봅시다. 소득 효과란 '소득이 늘어나면 물건을 구매하는 수요도 함께 늘어난다.'라는 전제를 바탕으로 한 경제

6. 정상재와 열등재

이론입니다. "엥? 그런 당연한 이야기를 무슨 이론이라고까지 하는 거지요?" 하는 의문이 생길 수도 있겠네요. 그런데 그게 다 이유가 있습니다.

경제학에서 소득 효과는 가격과 매우 민감한 연관성이 있습니다. 물건값이 변하면 소비자들의 소득이 변한 것과 같은 효과를 나타내기 때문입니다.

예를 들어 2만 원 하던 휴대 전화 케이스가 1만 원으로 떨어졌다면, 경제학에서는 이를 소비자(김경제 군)의 소득이 늘어난 것과 비슷하다고 봅니다. 가격이 떨어지지 않았다면 김 군은

2주일치 용돈을 모아야 했지만, 가격이 떨어지는 바람에 1주일치 용돈만으로도 물건을 살 수 있었으니까요.

즉 물건 가격이 떨어진 것이, 김 군의 소득이 늘어난 것과 같은 효과가 있는 겁니다. 이를 바탕으로 경제학에서 일컫는 소득 효과를 정리하면 이렇습니다. '제품의 가격이 떨어지면(상승하면) 소비자의 소득이 늘어나는(줄어드는) 것과 비슷한 현상이 발생한다. 또한 소비자의 실질적인 소득이 늘어나기(줄어들기) 때문에 제품에 대한 수요도 함께 증가한다(감소한다).'라고 말이에요.

상대 가격의 변화와 대체 효과

자, 아무것도 아닌 사건에서 법칙을 뽑아내는 경제학의 습성(!)을 되살려, 김경제 군의 휴대 전화 케이스 구매에서 두 번째 경제 이론을 유추해 봅시다.

이번에는 '대체 효과'입니다. 소득 효과를 설명할 때는 '휴대 전화 케이스'라는 하나의 상품만 등장했지요? 하지만 대체 효과를 설명할 때는 '대체'라는 말에서 알 수 있듯이 '대신해서 교체할 수 있는' 두 개 이상의 상품이나 서비스가 등장해요.

사실 김 군은 휴대 전화 케이스가 너무 비쌌다면 그걸 꼭 살 생각이 없었습니다. 용돈 1만 원으로 PC방에 갈 생각도 있었지요. 그런데 갑자기 휴대 전화 케이스를 반값에 파는 바람에 마음을 바꾼 겁니다. 이는 두 상품의 상대 가격※에 변화가 생겨, 휴대 전화 케이스가 상대적으로 싸게 느껴졌기 때문입니다. 좀 어렵지요?

어? 세일하네? 그럼 사야지!

※ **상대 가격** 두 상품 가격 간의 비율

잘 생각해 봅시다. PC방 이용료를 1만 원이라고 가정했을 때, 휴대 전화 케이스 반값 세일 이후 두 상품의 상대 가격이 각각 어떻게 변했는지 볼까요? 원래 PC방 이용료는 휴대 전화 케이스 가격의 절반이었고, 휴대 전화 케이스 가격은 PC방 이용료의 두 배였어요. 그런데 세일 이후 두 가격이 같아졌지요? 결국 휴대 전화 케이스가 반값 할인을 함으로써 PC방 이용료의 상대 가격은 높아진 반면, 휴대 전화 케이스의 상대 가격은 낮아진 것입니다.

이런 비교와 계산을 거쳐 휴대 전화 케이스를 샀다면, 경제학에서는 이를 "대체 효과가 작용했다."라고 말합니다. A와 B 둘 중 하나를 선택하려 했는데, A의 상대 가격이 낮아지면서 A가 B보다 상대적으로 저렴해졌기 때문에 A를 선택한 경우지요.

대체 효과는 소득 효과와 마찬가지로 상품의 가격과 수요와의 관계를 설명하는 중요한 법칙이랍니다. 'A의 가격이 하락하면, A가 B보다 상대적으로 싸게 느껴지므로 A의 수요가 늘어난다.'라는 것이 대체 효과의 핵심이거든요.

정상재와 열등재

여러분도 '가격이 오르면 수요는 하락하고, 가격이 하락하면 수요는 증가한다'는 점은 알고 있을 거예요. 이를 '수요의 법칙'이라고 해요. 많은 사람들이 이를 직관적으로는 이해하지만, 논리적으로는 어떻게 설명해야 하는지 어려워합니다.

경제학에서는 수요의 법칙을 바로 '소득 효과'와 '대체 효과'로 설명합니다. 가격이 하락하면 수요가 증가하는 이유에 대해 '한 상품의 가격이 하락하면 소비자의 소득이 늘어나는 것과 비슷한 현상이 생겨 수요가 증가하고(소득 효과), 또 그 상품이 다른 상품보다 상대적으로 싸게 느껴져서 수요가 증가한다(대체 효과).'라고 말하지요.

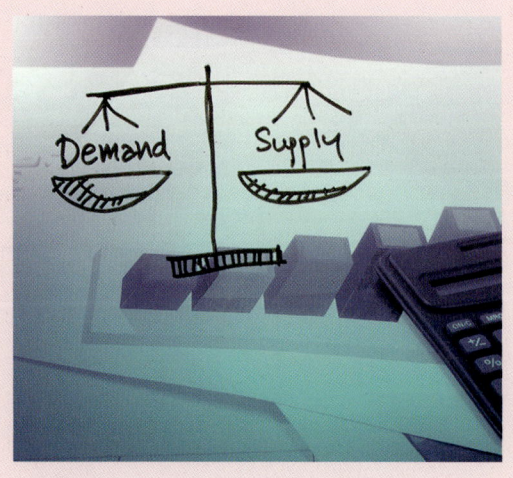

그런데 소득 효과와 대체 효과에는 중요한 차이점이 있습니다. 대체 효과는 언제나 일관된 모습으로 현실에서 드러납니다. 어떤 상품의 가격이 하락했을 경우를 가정해 볼까요?

가격이 떨어진 상품을 가격이 그대로인 다른 상품과 비교한다면 상대적으로 더 싸게 느껴지는 건 당연한 일이지요? 그래서 대체 효과는 언제나 '상품의 가격이 하락하면, 해당 상품의 수요가 늘어나는' 방향으로 작용합니다. 수요의 법칙과 일치하는 흐름이지요.

반면에 소득 효과라는 녀석은 가끔 가다가 반란을 일으킵니다. 사람 사는 세상에는 묘한 심리가 숨어 있기 때문입니다. 소득이 늘어난다고 모든 제품에 대한 수요가 무조건 늘어나면 암기하기 참 좋겠지만, 그렇지 않은 제품들이 있다는 이야기입니다.

6. 정상재와 열등재

　보통의 제품이라면 소비자들의 소득이 늘어날 때 수요도 함께 증가합니다. 그래서 이런 보통의 제품을 '정상재'라고 부릅니다. '소득이 늘면 수요가 증가한다.'라는 경제학의 기본 전제를 따르고 있기 때문에 '정상적인' 재화라고 보는 것이지요. 하지만 세상에는 이런 정상재에 비해 좀 덜 떨어진(!) 제품이 있기 마련입니다.

　돼지고기와 소고기로 예를 들어 볼까요? 보통 소고기가 돼지고기보다 더 비싸고 맛이 좋다고들 하지요(물론 돼지고기를 더 좋아하는 사람도 있겠지만, 일반적으로 그렇다는 이야기입니다). 경제가 잘 풀려서 사람들이 돈을 더 많이 벌게 됐다고 생각해 봅시다. 주머니가 두둑해진 사람들은 돼지고기보다 소고기를 더 자주 먹으려 할 것입니다. 그러면 돼지고기에 대한 수요는 오히려 줄어들겠지요. 소비자들의 소득이 늘었는데도 수요가 줄어드는 상품(돼지고기)이 생기는 겁니다.

경제학에서는 이런 제품을 '열등재'라고 부릅니다. 정확히는 '소비자의 실질 소득이 증가할수록 수요가 감소하는 재화'를 열등재라고 하지요.

열등재는 '소비자의 실질 소득이 증가할수록 수요도 덩달아 증가하는' 정상재와 반대되는 특성을 지닙니다. 지하철이나 버스 같은 대중교통을 예로 들어 볼까요? 국민들의 소득이 늘어나면, 사람들은 지하철이나 버스 대신 자가용이나 택시를 주로 타고 다닙니다. 따라서 지하철과 버스는 국민의 소득이 증가할수록 수요가 적어지지요.

반면에 국민의 소득이 낮아질수록 지하철과 버스에 대한 수요는 늘어납니다. 어디로 이동은 해야겠는데 지갑에 돈이 부족하다면, 값비싼 택시나 자가용보다 저렴한 지하철이나 버스를 이용할 테니까요.

여기서 한 가지 유의해야 할 점은, 정상재와 열등재는 엄연히 상대적인 개념이라는 사실입니다. 한번 열등재는 영원한 열등재가 아니라는 이야기지요. 사람마다 취향이 다를 수 있고, 또 시대 상황에 따라 재화의 성격이 변할 수도 있습니다.

예를 들어 라면을 한번 생각해

6. 정상재와 열등재

봅시다. 국민들이 모두 지독하게 가난한 상황이라면 라면은 정상재일 가능성이 높습니다. 다들 가난한 상황에서 소득이 조금 올랐다고 해서 갑자기 국민들이 라면 따위는 거들떠보지도 않고 스테이크를 찾지는 않거든요. 어차피 소득이 조금 올라도 여전히 가난한 상황이라면, 라면은 엄연한 정상재입니다. 소득이 늘었다면 '라면이라도 배불리 먹자.'라는 생각에 라면에 대한 수요는 늘어날 테니까요.

반면에 국민이 어느 정도 부유한 상태라면 라면은 열등재가 될 가능성이 높습니다. 소득이 더 늘어나 충분한 부자가 되었다면, 이제 라면에 대한 쓰라린 추억은 뒤로한 채 고급 스테이크를 먹으러 가는 사람들이 많아지겠지요.

정상재와 열등재는 사람의 성향에 따라서도 달라집니다. 예를 들어 죽어도 라면만 먹어야 하는 사람에게는 어떤 경우에도 라면은 열등재가 되지 않습니다. 이처럼 정상재와 열등재는 소비자의 성향이나 소득 수준, 사회적 상황에 따라 다양하게 변할 수 있답니다.

7 1+1은 2보다 크다?

 수확 체증의 법칙과 규모의 경제

교과 연계
초등 5학년 1학기 사회 4. 우리 사회의 과제와 문화의 발전
중학 사회① 14. 시장 경제의 이해

키워드로 주제 열기

'경제학의 아버지'라고 불리는 애덤 스미스(1723~1790년)는 어느 날 옷핀 제조 공장에서 놀라운 장면을 목격하게 됩니다. 철사를 늘이고, 자르고, 가는 등 제조 단계를 세분화해서 여러 사람에게 분업을 시켰더니 노동자 1인당 무려 4,800개, 그러니까 10명이면 4만 8,000개의 옷핀을 만들 수 있게 된 것입니다. 이전에는 솜씨 좋은 장인 한 명이 하루에 20개도 겨우 만들었는데 말이에요.

7화에서는 노동, 토지, 자본 등 생산 요소가 늘어날수록 생산량이 기하급수적으로 증가하는 '수확 체증의 법칙'에 대해 알아볼 거예요. 참고로 경제학에서는 이것을 **규모의 경제**라고 부르기도 한답니다. 그렇다면 **수확 체증의 법칙**이란 무엇이고, 언제 이런 현상이 나타나는지 살펴볼까요?

수확은 뭐고 체증은 또 뭘까?

경제학에 대해 설명할 때 조금 난감한 경우 중 하나는 용어가 너무 어려울 때입니다. 한 가지 예를 들어 볼까요? 고등학교 사회 교과서 경제 분야에는 '한계 효용 체감의 법칙'이라는 말이 나옵니다. 무슨 말인지 도통 모르겠지요?

이 용어가 어렵게 느껴지는 이유는 사용된 단어들 때문입니다. 여기서 한계는 "피나는 노력으로 한계를 뛰어넘어 꼭 일류 대학에 가자."라는 담임 선생님 말씀 속 한계와는 조금 다른 뜻으로 쓰입니다.

경제학에서 말하는 한계는 '단위가 하나씩 늘어난다'는 뜻에 가깝습니다. 효용은 '개인이 느끼는 주관적 만족의 정도'를 말해요. 그렇다면 '한계 효용'은 '뭔가 하고 있는 상황에서 단위를 하나씩 늘려 나갈 때 느끼는 만족감'이라는 뜻이겠지요.

이를 바탕으로 한계 효용 체감의 법칙을 풀어 쓰면 '어떤 일을 계속 반복할수록 얻게 되는 만족감(한계 효용)이 점차 줄어든다(체감)'는 말이 됩니다.

여러분이 지금 짜장면을 먹고 있다고 생각해 보세요. 처음 먹을 때의 만족감이 10이라면, 두 그릇을 연달아 먹을 때 느끼는 만족감은 8밖에 안 된다는 겁니다.

> 많이 먹을수록 더 좋을 줄 알았는데……

> 배불러 죽겠네.

> 꺼억~

7. 수확 체증의 법칙과 규모의 경제

↑ '수확 체증의 법칙'을 나타내는 그래프

왜냐고요? 이미 배가 부르니까요.

대단히 어려운 말인 것 같아도, 사실 알고 보면 쉽습니다.

7화에서 우리는 '수확 체증의 법칙'에 대해 배울 것입니다. 이 말을 제대로 이해하려면 사실 영어 표현을 보는 것이 훨씬 더 낫습니다.

수확 체증의 법칙은 영어로 'Increasing returns of scale'이라고 합니다. '규모(scale)에 따라 생산물(returns)의 양이 증가한다(increase)'는 뜻이지요. 그런데 이 말을 '수확'과 '체증'이라는 잘 안 쓰는 단어들로 표현하는 바람에 더 낯설게 느껴지는 겁니다. 자, 이제 좀 쉬워졌지요?

지금부터 알아볼 수확 체증의 법칙이란 한마디로 '생산에 투입하는 요소들의 규모를 늘리면, 생산물의 양도 점차적으로 더 늘어난다'는 뜻으로 이해하면 되겠습니다.

수확 체감의 법칙

'어, 뭔가 이상한데요?'라고 생각하는 친구가 있나요? 아주 날카로운 눈을 가졌군요. 맞습니다. 앞에서 설명한 내용만 보면 어딘가 조금 이상

합니다. 생산에 투입하는 요소들의 규모를 늘리면, '당연히' 생산물의 양도 늘어날 거라는 생각이 들기 때문이지요.

예를 들어 어부 한 명이 배 한 척을 타고 낚시를 할 때, 물고기 10마리를 잡았다고 해 봅시다. 만약 배를 두 척으로 늘리고 어부도 한 명 더 고용한다면, 당연히 앞의 경우보다 물고기를 더 많이 잡게 되겠지요?

수확 체증의 법칙을 정확히 이해하려면 '수확 체감의 법칙'과 비교해 보는 것이 좋습니다. 이 말이 무슨 뜻인지 파악하기 위해 역시 영어 원문을 보며 설명해 볼까요?

수확 체감의 법칙은 영어로 'Diminishing returns of scale'입니다. 'diminish'는 '줄어들다' 혹은 '약해지다'라는 뜻으로 해석할 수 있는데, 여기서는 후자인 '약해지다'로 해석하는 것이 더 바람직합니다.

한마디로 수확 체감이란 '생산에 투입하는 요소들의 규모를 늘리면 생산물의 양이 늘어나긴 하지만, 그 강도가 상대적으로 약해진다'는 뜻이에요.

앞서 말했던 그 어부가 배도 두 척으로 늘리고 어부도 한 명 더 고용했다는 말은 생산에 투입하는 요소를 두 배로 늘렸다는 겁니다. 그 후 낚시를 해서 잡은 물고기

7. 수확 체증의 법칙과 규모의 경제

가 20마리라면, 10마리의 두 배니까 정상적인 상황이지요.

경제학에서는 이런 상황을 '수확 불변'이라고 부릅니다. 그런데 이게 웬걸, 생산 요소를 두 배로 늘렸는데 잡은 물고기는 20마리에 못 미치는 18마리밖에 안 되는 겁니다. 이게 바로 '수확 체감' 현상이 나타난 경우지요. 반대로 생산 요소를 두 배로 늘렸더니, 물고기를 25마리쯤 잡았다면 '수확 체증' 현상이 나타난 거예요.

정리하자면, 생산에 투입하는 요소를 늘리면 생산물의 양은 당연히 늘어납니다. 그런데 생산에 투입하는 요소가 늘어난 비율만큼 생산물의 양이 늘어나지 못하면 수확 체감이고, 생산 요소의 증가 비율보다 생산물이 늘어난 비율이 더 높으면 수확 체증이 되는 겁니다. 이제 수확 체증과 수확 체감이라는 말이 정확히 이해되지요?

한마디 덧붙이자면, 경제학에서는 수확 체증 현상을 '규모의 경제'라고 부르기도 합니다. 생산에 투입하는 요소의 '규모'가 커지면 생산량이 더 큰 비율로 늘어난다는 뜻이지요. 반대로 수확 체감 현상은 '아닐 비(非)' 자를 써서 '규모의 비경제'라고 부르기도 한답니다.

수확 체증 현상이 나타나는 경우

옛날 경제학자들은 수확 체감을 일반적인 현상으로 여겼습니다. '생산에 투입되는 요소를 늘려도, 생산물의 양은 그 비율만큼 늘어나지 못한다'고 생각했기 때문이지요. 앞에서 말한 어부의 사례가 대표적입니다.

어부가 물고기를 더 많이 잡기 위해 배와 어부의 숫자를 1만 배쯤 늘렸다고 가정해 보지요. 그렇다고 해서 잡히는 물고기의 양이(안타깝지만!) 1만 배로 늘지는 않는다는 겁니다. 바다에 사는 물고기 숫자가 한정돼 있으니까요. 물론 수확 체증이 나타나는 상황이 없는 건 아니지만, 과거의 경제학자들은 이를 매우 예외적인 현상으로 여겼습니다.

그런데 경제가 발전하면서 경제학자들은 새로운 현상을 발견합니다. 단지 예외로만 여기기 어려울 정도로 수확 체증 현상이 많이 발견되기 시작한 것이지요.

예를 들어, 우리가 많이 쓰는 카카오톡에 대한 이야기를 해 볼까요? 처음 카카오톡을 만들 당시 창업자들은 서버도 확보하고, 직원들도 고용해야 해서 돈이 꽤 많이 들었을 겁니다. 그런데 얼마 후 카카오톡이 엄청난 인기를 끌면서 직원도 두 배로 늘리고 비용도 두 배로 더 들여야 했는데, 사용자 숫자는 두 배만 늘어난 게 아니라 10배, 100배로 늘어나게 됐지요. 투입한 비용에 비해 생산물의 양이 훨씬 빠른 속도로 늘어난 경우입니다.

한편 분업의 효과가 큰 분야에서도 수확 체증 현상이 나타납니다. 한 사람이 인형을 하루에 한 개만 만들 수 있다고 가정해 볼게요. 그런데 인형 만드는 사람을 열 명으로 늘리고 솜만 넣는 사람, 바느질만 하는 사람, 인형 눈만 붙이는 사람, 이런 식으로 분업을 하는 겁니다. 그럼 당연히 효율성도 높아지고 전문성도 생길 테니, 인형 만드는 속도가 상당히 빨라지겠지요? 사람은 열 명으로 늘어났지만 인형은 하루에 20개, 30개도 거뜬히 만들 수 있을 거예요. 이게 바로 수확 체증의 현상입니다.

인수 합병과 시너지 효과

수확 체증의 법칙, 혹은 규모의 경제에 대한 인식이 높아지면서 기업들은 덩치를 불리는 일에 많은 관심을 보이고 있습니다. 한 가지 일만 하기보다 더 많은 일을 벌일수록, 들어가는 비용에 비해 산출량이 늘어날 거라는 기대 때문이지요. 그래서 요즘 많은 기업들이 인수 합병(M&A)에

나섭니다.

인수 합병이란 기업 합병(Mergers)과 기업 인수(Acquisitions)가 합쳐진 개념이에요. 기업 합병은 사들인 기업을 해체해 조직의 일부로 흡수하는 형태를 말하고, 기업 인수는 사들인 기업을 해체하지 않고 관리하는 형태를 말합니다. 이러한 인수 합병에는 회사의 크기를 키워 수확 체증 현상을 노리겠다는 의도가 들어가 있어요.

그런데 이때 주의해야 할 점이 있습니다. 무작정 회사를 키운다고 해서 무조건 수확 체증 현상이 나타나는 건 아니거든요.

두 회사를 합쳤는데, 기존의 두 회사가 하던 사업 영역이 조화를 이룬다면 수확 체증 효과를 노릴 수 있습니다. 하지만 두 사업 영역이 전혀 상관없거나, 오히려 합치면 효율성이 떨어지는 사업을 합병할 때는 수확 체감 현상이 나타날 수도 있어요.

그래서 인수 합병을 할 때 '시너지 효과'를 중요하게 생각해야 합니다. 시너지 효과란 두 개 이상의 요소가 조화를 이뤘을 때, 그보다 더 큰 긍정적 효과가 나타나는 현상을 뜻해요. 다시 말해, '1+1=2'가 아니라 그

7. 수확 체증의 법칙과 규모의 경제

이상의 결과를 낼 때 시너지 효과가 있다고 하는 겁니다. 따라서 인수 합병을 할 때 무작정 수확 체증이 일어날 거라고 기대해서는 안 됩니다. 과연 두 회사를 합쳤을 때 시너지 효과가 잘 발휘될 수 있는지 먼저 살펴보는 게 중요하답니다.

7화에서 우리는 수확 체증의 법칙과 함께 수확 체감의 법칙에 대해서도 알아봤습니다. 일반적으로 정보 산업, 문화 산업, 서비스 산업 등 지식을 기반으로 하는 경제에서는 전형적인 수확 체증의 법칙이 작용합니다. 반대로 수확 체감의 법칙은 대량의 자원을 대규모로 가공 처리하는 전통적인 산업 부문에서 찾아볼 수 있지요. 주변을 잘 둘러보세요. 또 어디서 이런 현상이 나타나는지 생각해 보면서요.

8 시장 질서를 어지럽히는 기업의 횡포

 독과점과 카르텔

교과 연계
초등 5학년 1학기 사회 4. 우리 사회의 과제와 문화의 발전
중학 사회① 14. 시장 경제의 이해

키워드로 주제 열기

19세기 후반, **독점** 기업의 폐해가 심해지자 미국 정부는 이를 막을 방법을 찾았습니다. 그 대책을 주도적으로 제시한 사람이 바로 상원 의원 '존 셔먼'이었습니다.

셔먼은 기업들 간의 가격 담합 금지와 독점 기업 허용 금지라는 두 가지 핵심 조항이 담긴 '독점 금지법'을 제정합니다. 이것이 미국 최초의 반(反)독점법, 이른바 '셔먼법'입니다.

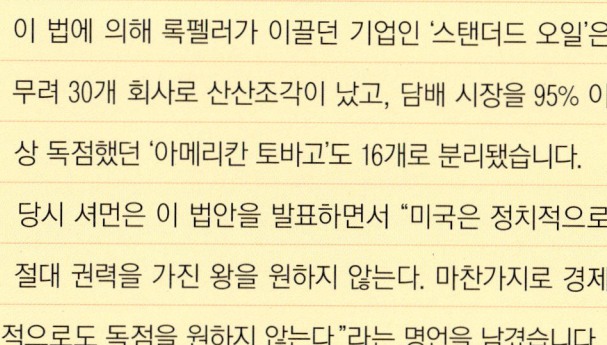

이 법에 의해 록펠러가 이끌던 기업인 '스탠더드 오일'은 무려 30개 회사로 산산조각이 났고, 담배 시장을 95% 이상 독점했던 '아메리칸 토바고'도 16개로 분리됐습니다.

당시 셔먼은 이 법안을 발표하면서 "미국은 정치적으로 절대 권력을 가진 왕을 원하지 않는다. 마찬가지로 경제적으로도 독점을 원하지 않는다."라는 명언을 남겼습니다.

라면과 시장의 실패

'농심, 라면 가격 올리기로 결정… 다른 업체들도 줄줄이 인상'이라는 제목의 기사가 뜬 적이 있습니다. 그 내용을 살펴보면 대략 이렇습니다. 농심이 라면 가격을 올리기로 결정하자 그동안 눈치만 보던 다른 라면 회사들도 따라서 가격을 올렸다는 것이지요.

어딘가 좀 이상하지 않나요? 아니, 농심이 라면 가격을 올리건 말건 다른 회사들이 왜 농심의 눈치를 보고 있었냐는 겁니다. 자기 마음대로 가격을 올린다고 해서 농심이 행패를 부리는 것도 아닐 텐데요.

그 이유는 차차 살펴보겠지만, 이처럼 기업들이 물건 가격을 정할 때 누군가의 눈치를 보는 것은 매우 위험한 현상입니다. 경제학에서는 이를 '시장의 실패'라는 다소 무시무시한 용어로 부르기도 하지요.

원래 자본주의 시장 경제를 연구하는 학문에서는 물건의 가격이 수요와 공급에 의해 결정된다고 봅니다. 수요가 늘어나면 가격이 오르고, 수요가 줄면 가격이 내려가지

8. 독과점과 카르텔

요. 반면에 공급이 늘어나면 가격이 내려가고, 공급이 줄어들면 가격이 오릅니다. 경제학에서는 이처럼 수요와 공급에 의해 가격이 결정되는 것을 가장 효율적인 경제 시스템이라고 여깁니다.

그런데 때때로 수요와 공급에 의해 결정돼야 할 가격이 제 기능을 못하는 일이 발생합니다. 가격이 수요나 공급 이외의 다른 요소에 영향을 받는 경우입니다. 이런 상황이 오면 자본주의 시스템의 효율성이 심각하게 훼손되지요. 이럴 때 바로 '시장의 실패'가 나타났다고 말하는데, 이 현상을 일으키는 대표적 원인이 바로 이번에 살펴볼 '독과점'입니다.

독점이란 무엇인가?

'독점(獨홀로 독 占점령할 점)'이란 시장에서 어떤 상품을 공급하는 기업이 단 하나뿐인 경우를 뜻합니다.

예를 들어 우리나라에서 휘발유를 파는 곳이 '새까만 정유 회사' 하나뿐이라고 가정해 보지요. 휘발유를 파는 업체가 여기밖에 없으니 이 회사는 한국 휘발유 시장에서 독점 기업이 됩니다.

앞서 말한 것처럼 원래 휘발유 가격은 수요와 공급에 의해 결정돼야 합니다. 한동안 국제 유가*가 폭락했던 적이 있는데요, 그 이유는 그동안 빠른 경제 성장으로 엄청난 양의 원유를 소비했던 중국이 경기 침체를 겪으면서 원유 소비량이 줄어들었기 때문이지요. 원유 수요는 감소하는데 공급 과잉 현상이 이어지면서 국제 유가도 폭락한 겁니다.

'새까만 정유 회사'가 국제 유가를 무시하고 갑자기 휘발유값을 리터당 5,000원으로 올려 버렸다고 가정해 봅시다. 참고로 최근 휘발유 가격은 리터당 약 1,500원입니다. 휘발유 가격이 수요와 공급에 의해 결정된다면 이 가격은 말이 안 됩니다. 1,500원이었던 휘발유 가격이 갑자기 세 배도 넘게 올랐는데 누가 휘발유를 사겠냐는 말이지요. 아무도 '새까만 정유 회사'에서 판매하는 휘발유를 쓰지 않을 겁니다.

그런데 문제는 앞서 말한 것처럼 우리나라에서 휘발유를 파는 회사가

※ **유가** 석유의 판매 가격

8. 독과점과 카르텔

이곳 하나밖에 없다는 사실입니다. 세상에는 반드시 차를 몰고 다녀야 하는 사람이 있습니다. 이런 사람들은 아무리 휘발유값이 올라도 울며 겨자 먹기로 리터당 5,000원이라는 가격에 주유를 해야겠지요.

독점 기업이 시장 질서를 어지럽히는 이유가 바로 이것입니다. 시장에 해당 물건을 공급하는 회사가 단 한 곳뿐이면, '새까만 정유 회사'의 경우처럼 배짱 내미는 영업을 할 수 있습니다. 수요와 공급에 의해서가 아니라 '독점 기업 사장님 마음대로' 가격이 결정되는 거지요. 그렇게 되면 소비자들은 막대한 피해를 입고, 독점 기업은 엄청난 부를 챙길 겁니다.

에이, 설마 그런 일이 실제로 일어나겠냐고요? 물론입니다. 앞서 예를 들었던 '새까만 정유 회사'는 이름만 바꿨을 뿐, 역사 속에서 실재했던 회사예요. 만화에서도 등장했듯이, 바로 19세기 후반 미국 정유 시장을 독점했던 '스탠더드 오일'입니다.

당시 미국에는 연간 360만 배럴※ 정도의 석유가 유통되고 있었는데, 스탠더드 오일은 이 중 95%를 장악했습니다. 사실상 독점 기업이었던 셈이지요. 이 스탠더드 오일의 주인이 바로 그 유명한 '석유왕' 존 데이비슨 록펠러(1839~1937년)였어요. 록펠러는 이 같은 독점으로 어마어마한 돈을 모았습

↑ 존 데이비슨 록펠러

※ **배럴** 영국과 미국에서 쓰는 부피의 단위로, 1배럴은 약 159리터에 해당함

니다. 독일 경제 일간지 《한델스블라트》의 분석에 따르면, 록펠러의 당시 재산 규모는 요즘 물가로 환산하여 360조 원이 넘는다고 하네요.

과점, 그리고 카르텔

이제 독점이 어떤 문제를 일으키는지는 이해됐을 겁니다. 그런데 문제는 독점 기업에만 있는 게 아닙니다. 그와 비슷한 '과점(寡적을 과 占점령할 점)'이라는 녀석도 상당한 골칫거리입니다. 과점이란 독점처럼 시장의 공급자가 한 곳뿐인 상태는 아니지만, 고작 두세 개 정도밖에 안 되는 소수의 기업이 시장을 장악한 경우를 말합니다.

예를 들어 A와 B 두 개의 기업이 어떤 시장을 딱 절반씩 장악하고 있다고 해 봅시다. 이 두 기업이 열심히 경쟁을 한다면 독점의 폐해는 나타나지 않을 겁니다. A가 무턱대고 가격을 올리면 소비자들은 A의 제품 대신 B의 제품을 사면 되니까요.

그런데 만약 A와 B가 못된 마음을 먹고 쑥덕쑥덕 작전을 짜면 어떻게 될까요? 두 회사가 "우리 똑같이 물건 가격을 두 배로 올리자!"라며 담합을 해 버리는 겁니다. 이런 경우 해당 물건을 만드는 업체가 두 곳이어도 독점과 비슷한 현상이 나타나게 되지요. 그래서 시장을 휩쓰는 기업이 두세 곳밖에 없을 때에도 독점 형태에서 생길 수 있는 위험이 항상 도사리고 있다는 겁니다.

실제로 이러한 과점 체제에서는 해당 기업들끼리 더 높은 이익을 얻기

8. 독과점과 카르텔

위해 '짜고 치는 고스톱' 행위를 종종 합니다. 이렇게 몇몇 기업들이 판매 가격이나 생산 수량 등을 미리 정하고 서로 연합하는 행위를 '카르텔(Kartell)'이라고 합니다.

사전에서 카르텔이라는 단어를 찾아보면 '동일 업종의 기업이 경쟁의 제한 또는 완화를 목적으로 가격, 생산량, 판로 따위에 대하여 협정을 맺는 것으로 형성하는 독점 형태. 또는 그 협정'이라는 설명이 나와 있습니다. 한마디로 여러 기업이 이윤 추구를 목적으로 연합해 독점 기업과 같은 효과를 노린다는 이야기입니다.

누군가는 막아야 한다

지금까지 살펴본 것처럼 독점은 물론이고 과점과 카르텔 모두 소비자에게 큰 피해를 주는 행태인 것은 마찬가지입니다. 그러니 누군가 나서서 이런 행태를 막아야겠지요. 여기서 그 누군가는 보통 국민으로부터 권력을 위임받은 정부입니다.

앞서 예를 들었던 라면 이야기로 다시 돌아가 볼까요? 우리나라의 라면 시장은 전형적인 과점 구조입니다. 하지만 농심이 라면 시장에 미치는 영향력은 워낙 막강하기 때문에 (우리나라에서 팔리는 라면 중 60% 이상이 농심 제품) 실제로는 독점에 가까운 막대한 힘이 농심에 있는 겁니다.

농심의 힘이 엄청나다 보니 다른 회사들은 농심의 눈치를 봅니다. 그래서 이들은 독자적으로 가격을 올리거나 내리지 못합니다. 그저 농심이 가격을 먼저 올려 주면 따라 올리고, 농심이 가격을 내리면 따라 내리는 일을 하는 겁니다. 그리고 이런 행태는 사실상 농심을 중심으로 형성된 암묵적인 가격 담합 행위에 가깝습니다.

시장 구조에 있어서 공정하고 자유로운 경쟁 질서를 확립하기 위해 정부는 이런 가격 담합 행위를 막아야 합니다. 정부 부처 중에서 관련 사안에 대한 규제를 담당하는 곳이 바로 '공정거래위원회*'라는 곳입니다. 실제로 공정거래위원회는 라면뿐 아니라 몇몇 과점 기업들이 시장을 장악한 이동 통신 회사나 소주 판매 회사, 정유 회사, 건설 회사 등을 상대

✽ **공정거래위원회** 독점 및 불공정 거래에 관한 사안을 심의·의결하기 위해 설립된 중앙 행정 기관

8. 독과점과 카르텔

로 가격 담합 행위를 조사해 과징금※을 물립니다. 하지만 아직도 우리나라에서는 기업들의 가격 담합이 완전히 뿌리 뽑히지 않는 실정입니다. 보다 건전한 시장 질서 확립을 위해 정부가 해야 할 일이 여전히 많이 남아 있습니다.

※ **과징금** 규약 위반에 대한 처벌로 거두어들이는 돈

9 달러가 세계 경제의 중심이 된 이유

 기축 통화를 향한 경쟁

교과 연계
초등 5학년 1학기 사회 3. 우리 경제의 성장과 발전
중학 사회② 12. 국제 경제와 세계화

키워드로 주제 열기

금은 상품 가격이나 환율을 표시하는 데 적용할 수 있는 계산 단위로 적합하여 제2차 세계 대전 이전까지 국제 무역에서 주로 사용됐습니다. 그런데 제2차 세계 대전이 끝나 갈 무렵, 갑자기 국제 무역의 규모가 커지면서 문제가 생겼어요. 바로 금만으로는 필요한 무역 결제를 충당하기 어려워졌지요. 따라서 각 나라들은 국제 무역에서 사용할 새로운 화폐를 찾게 됐어요. 이때 등장한 것이 자유주의 진영의 초강대국으로 떠오른 미국의 '달러(dollar)'였습니다.

마침내 1944년, 미국 뉴햄프셔 주(州)의 브레턴우즈에 모인 44개 연합국 대표들은 미국 화폐인 달러에 금과 맞먹는 권위를 부여하기로 결정했습니다.

'브레턴우즈 체제'라고 불리는 이 협정은 '달러가 **기축 통화**의 지위를 얻은 역사적 사건'으로 평가됩니다.

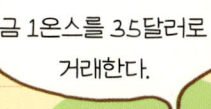

북한 사람들은 왜 중국 화폐를 사용할까?

최근 TV 뉴스에서 흥미로운 소식이 하나 나오더군요. 북한 돈이 휴지 조각으로 전락하고, 그 대신 중국 화폐인 '위안(元)화'가 북한 경제를 점령했다는 내용이었습니다. 북한에서 사용하는 공식 화폐는 우리나라와 마찬가지로 '원화'입니다. 왜 북한 사람들은 멀쩡한 자기 나라 돈을 놔두고 이웃 나라의 화폐를 쓰는 걸까요?

북한 경제에 대해서는 워낙 알려진 정보가 없기 때문에 추정을 할 수밖에 없습니다. 이에 대한 가장 합리적인 추측은 북한 주민들조차도 자국 화폐의 권위를 잘 믿지 않는다는 사실입니다.

조금 어려운 말처럼 들릴지 모르겠지만 화폐에는 권위가 있어야 합니다. 다시 말해 화폐로 물건을 살 수 있다는 믿음이 있어야 한다는 뜻이지요. "아니, 돈을 줬으니 그에 따른 물건을 내주는 건 사회적 약속 아닌가요? 그 간단한 사실을 믿지 않는 사람들도 있단 말이에요?"라고 궁금

↑ 북한의 옛날 화폐

9. 기축 통화를 향한 경쟁

해할 수도 있겠군요. 물론 그렇습니다. 적정한 금액을 지불했을 때 그 값에 맞는 물건을 내주는 건 사회적 합의입니다.

그런데 가끔 한 나라의 경제가 너무 불안정할 경우 사람들이 그 나라에서 발행한 화폐를 믿지 않는 경우가 발생합니다.

우리는 이미 이러한 예를 1화에서 살펴보았습니다. 바로 아프리카 짐바브웨에서 일어난 인플레이션 현상 말입니다. 불과 1년 사이에 물가가 극심하게 뛰었지요.

이렇게 물가가 오르면 화폐는 그야말로 휴지 조각이 됩니다. 만약 여러분이 카페에서 음료 한 잔을 마시는 동안 물가가 두 배로 뛴다고 생각해 보세요. 들어갈 때 분명 생과일주스가 한 잔에 3,000원이었는데 다 마시고 계산하려고 보니 6,000원이 돼 버렸다니. 그런 화폐를 어느 누가 믿겠습니까?

결국 짐바브웨는 2015년 6월, 자국 화폐(짐바브웨 달러)의 사용을 완전히 금지했습니다. 그 대신 미국 달러를 국가 공식 화폐로 지정했지요. 그 당시 짐바브웨에서는 3경 5,000조 짐바브웨 달러를 은행에 들고 가면 미화 1달러(약 1,100원)로 바꿔 줬다고 하네요.

북한 주민들이 자국 화폐인 원화 대신 중국의 위안화를 쓰는 이유도 바로 이것입니다. 북한 경제에 대한 믿음이 없는 거지요. 자칫 북한이 짐바브웨 꼴이라도 나면, 아무리 돈을 쌓아 놓고 있어도 소용이 없습니다. 100억 원 정도를 들고 가도 계란 두세 개밖에 못 사는 사태가 벌어질 수 있으니까요.

그래서 자국보다 경제가 망할 확률이 훨씬 적은 나라, 그리고 이웃해 있으면서 그나마 사이가 좀 좋은 나라인 중국의 위안화를 자국 화폐 대신 사용하는 겁니다.

기축 통화란 무엇인가?

자, 그렇다면 여기서 새로운 사실을 하나 유추해 볼 수 있습니다. 세계 각 나라는 '무역'이라는 것을 합니다. 국가 간에 서로 물건을 사고파는 거지요. 그런데 이처럼 여러 나라 사람들이 무역을 할 때는 어떤 나라의 돈을 쓸까요?

만약 우리나라가 짐바브웨에 물건을 수출했다고 가정해 보지요. 짐바브웨 사람들이 "자, 우리 돈(짐바브웨 달러) 받아 가세요." 하면 우리가 그걸 고분고분 받겠어요? 그 돈이 휴지 조각이 될지도 모르는데요? 어휴, 그렇게 간 큰 짓은 못하지요.

반대로 짐바브웨 사람들이 한국에 물건을 팔 때도 마찬가지입니다. 한

9. 기축 통화를 향한 경쟁

국 돈 원화를 그 나라 사람들에게 주면 그들이 받아 가겠습니까? "아니, 우리가 짐바브웨하고 같나요? 우리는 훨씬 잘사는 나라잖아요!"라는 반론은 적절하지 않습니다. 그건 우리 생각일 뿐이지요. 짐바브웨 사람들이 보기에는 한국도 작고 불안한 나라인 건 마찬가지입니다. 한국에서 전쟁이라도 나면 한국 돈 역시 아무짝에도 쓸모없는 휴지 조각이 될지도 모릅니다.

그래서 국가 간 거래를 할 때는 '기축 통화(基^{기본 기} 軸^{중심 축} 通^{통용될 통} 貨^{화폐 화})'라는 것을 사용합니다. 여기서 '기'는 기본이라는 뜻이고 '축'은 중심을 의미합니다. 그리고 '통화'는 통용되는 화폐라는 뜻이지요. 즉 기축 통화란 '국제 거래에서 기본적이고 중심적으로 사용되는 화폐'입니다. 당연히 이 기축 통화로는 강대국의 화폐가 사용되기 마련입니다. 그들은 망할 일이 거의 없고, 경제도 안정적이기 때문이지요.

그렇다면 어떤 화폐가 실제로 기축 통화 역할을 할까요? 그렇습니다.

뭐니 뭐니 해도 우리 달러가 최고야!!!

짐작한 대로 초강대국인 미국의 돈 '달러(dollar)'가 무역에서 가장 흔히 사용되는 기축 통화입니다. 그리고 달러 다음으로 많이 사용되는 기축 통화는 유럽 연합(EU)에서 발행한 화폐 '유로(Euro)'입니다. 일본의 '엔(円)'화와 중국의 '위안화'도 달러와 유로를 대신해 종종 기축 통화의 역할을 하지요.

유럽 연합이 유로를 만든 이유

유럽 연합은 유럽의 여러 나라들이 모여 전쟁 재발 방지와 경제 통합을 위한 목적으로 결성한 정치·경제 공동체입니다.

앞에서 잠깐 언급했지만 유럽 연합은 1999년부터 유로를 공식 화폐로 도입했습니다. 이들 국가들은 유로를 사용하기 전까지 당연히 각자의 화폐를 사용했습니다. 하지만 유럽 연합이 결성된 이후 대부분은 과감히 자국의 화폐를 포기하고 유로를 단일 화폐로 사용하기로 결정했지요.

물론 모든 유럽 연합 국가들이 유로를 받아들인 것은 아닙니다. 최근 유럽 연합 탈퇴를 결정한 영국은 자국 화폐인 '파운드(pound)'에 대한 자부심이 매우 강해 끝까지 유로화를 받아들이지 않았지요. 그래서 실

9. 기축 통화를 향한 경쟁

제로 유로를 공식 화폐로 사용하는 나라는 27개국 중 19개국이었습니다. 유로를 사용하는 이들 국가를 '유로를 사용하는 지역'이라는 뜻으로 '유로 존(Euro zone)', '유로 에어리어(Euro area)' 또는 '유로 랜드(Euro land)'라고 부르기도 한답니다.

그렇다면 유럽 국가들은 왜 이렇게 힘을 합쳐 새로운 화폐를 만들었을까요? 앞에서도 살펴봤지만, 세계에서 가장 광범위하게 통용되는 기축 통화는 달러입니다. 달러가 사용되는 이유는 전 세계에서 미국 경제가 가장 크고 안정적이기 때문이라고 얘기했지요. 만약 자국의 화폐가 기축 통화가 되면 엄청난 이점이 생깁니다.

첫 번째로 가장 큰 장점은 그 나라가 각종 경제적 위협으로부터 자동적으로 보호받을 수 있다는 점입니다. 왜냐고요? 예를 들어 미국이 갑자기 경제 위기에 빠져 망하기 직전이 됐다고 생각해 보세요. 세계 각 나라들이 "미국이 망하다니 꼴좋다!"라며 콧노래를 부를까요? 천만의 말씀입니다. 각 나라는 만약의 사태를 대비하기 위해 항상 일정 정도 이상의 외국 돈을 보유하고 있는데, 이것을 '외환 보유고*'라고 합니다. 물론 우리나라도 외국 돈을 보유하고 있어요.

우리나라의 외환 보유고는 대략 3,700억 달러(약 420조 원)입니다. 그런데 이 돈을 어떤 화폐로 갖고 있냐 하면, 대부분 달러입니다. 아시아의 경제 대국 중국의 외환 보유고는 무려 3조 2,000억 달러입니다. 이는 우리 돈으로 약 3,600조 원에 이르는 거금입니다.

이런 상황에서 미국이 망한다고 가정해 봅시다. 저 국가들이 오랫동안 열심히 모아 온 달러가 휴지 조각이 되어 버린다는 겁니다. 이 상황을 누가 감당할 수 있겠습니까?

이러한 이유로 2008년 미국이 금융 위기를 맞았을 때, 세계 각 나라는 미국이 자국에 유리하도록 각종 무역 정책을 바꿔도 어금니를 꽉 물고 참을 수밖에 없었습니다.

감히 우리 달러 자리를 넘봐?

영원한 건 없어! 이제 유로의 시대가 올 거야!

조금만 기다려라. 내가 다 쓸어버릴 테다!

※ 보유고 가지고 있거나 간직하고 있는 물건의 수량

9. 기축 통화를 향한 경쟁

미국이 망하면 자신들도 따라 망할 테니 울며 겨자 먹기로 미국의 횡포를 참았던 거지요.

이 밖에 또 다른 장점도 있습니다. 미국은 경제 위기가 심화될 경우, 급하면 그냥 달러를 더 찍어 내면 됩니다. 그 돈으로 다른 나라들을 상대로 물건을 얼마든지 살 수 있기 때문입니다. 이런 이유 때문에 기축 통화를 보유한 나라는 경제 위기를 맞아도 그 위기를 극복할 다양한 수단을 갖게 됩니다.

따라서 유로는 '우리도 달러 같은 기축 통화를 보유해야 한다'는 유럽 국가들의 간절한 희망에서 탄생했다고 볼 수 있습니다. 최근 중국도 자국의 화폐인 위안이 북한을 비롯해 동남아시아 등 여러 국가에서 더 많이 유통되도록 노력하며, 기축 통화의 지위를 확보하기 위해 힘쓰고 있지요. 한마디로 지금은 유럽의 유로와 중국의 위안이 미국의 달러에 도전하는 '기축 통화 전쟁'의 시대라고 할 수 있습니다.

10 기업의 은밀한 숫자 놀음

  회계의 기초와 분식 회계

교과 연계
중학 사회① 13. 경제생활의 이해
중학 사회② 11. 국민 경제와 경제 성장

키워드로 주제 열기

2001년 12월 2일, 미국의 거대 에너지 기업 '엔론'이 파산을 선언했습니다. 2만 명의 직원을 보유한 데다가, 2000년 한 해 매출만 약 1,000억 달러(약 110조 원)에 달했던 세계적인 기업이 파산할 줄은 그 누구도 예상하지 못했지요.

사실 엔론이 올린 막대한 매출은 회계 장부를 조작한 **분식 회계**의 결과였음이 밝혀졌습니다. 당시 엔론의 분식 회계 규모는 약 13억 달러(약 1조 5,000억 원)에 이르렀다고 해요. 이 사건으로 엔론의 창업자 케네스 레이는 징역 24년 4개월, CEO였던 제프리 스킬링은 24년의 유죄 판결을 받았습니다. 거대 기업의 분식 회계 사건으로 미국은 큰 혼란에 빠졌지요. 이것이 바로 미국 역사상 최대의 회계 부정 사태로 기록된 '엔론 사태'입니다.

회계란 무엇인가?

여러분은 혹시 '흑자(黑검을 흑 字글자 자)'와 '적자(赤붉을 적 字글자 자)'가 무슨 뜻인지 알고 있나요? 보통 기업을 운영할 때 돈을 벌었으면 '흑자'라고 하고, 손해를 봤으면 '적자'라고 합니다. 그러니까 쉽게 말하면 흑자는 좋은 것이고 적자는 나쁜 것이지요. 이 말의 어원은 글자의 색깔에서 비롯됐습니다.

사업을 하다 보면 돈을 얼마나 벌었는지, 얼마나 썼는지를 장부*에 모두 기록해야 합니다. 이것을 바로 '회계*(會통계할 회 計셈할 계)'라고 합니다. 그리고 거래 내역을 기록한 문서를 '회계 장부'라고 부르지요. 이 회계 장

* **장부** 물건의 출납이나 돈의 수입·지출 계산을 적어 두는 책
* **회계** 개인이나 기업 따위의 경제 활동 상황을 일정한 계산 방법으로 기록하고 정보화함

부의 핵심은 정확성과 간명성*입니다. 장부를 만들었는데 당최 무슨 소린지 모를 정도로 복잡하게 적어서는 곤란하겠지요. 이 회사가 경영을 잘 했는지, 아니면 곧 망할 위기에 놓였는지 보는 사람 모두가 쉽고 정확하게 알 수 있어야 한다는 뜻입니다. 그래서 회계에는 일정한 약속이 존재합니다.

초창기 회계 장부가 처음 만들어졌을 때 사람들은 이렇게 약속했습니다. 회사가 이익을 봤는지 손해를 입었는지 한눈에 알아보기 위해 숫자를 색으로 구분하기로 말입니다.

예를 들어 이익을 나타내는 숫자는 검은 글자로, 손해를 나타내는 숫자는 빨간 글자로 쓰기로 한 거지요. 이런 약속이 기원이 돼 흑자는 이익을, 적자는 손해를 뜻하는 말로 발전했다고 하는군요.

이제 흑자와 적자에 대해 알았으니 사업을 하시는 아버지가 "아, 이번 달은 적자야 적자."라고 한탄하신다면 재빨리 자리를 피하는 게 상책이

✽ **간명성** 간단하고 분명한 특성

라는 것쯤은 눈치챘겠지요? 반대로 아버지가 기쁜 표정으로 "이번 달은 흑자야!"라고 외치시면 잽싸게 그 앞에서 예쁜 행동을 해야 합니다. 여러분에게 용돈을 주실 확률이 높을 테니까요.

원가는 어떻게 계산할까?

가끔 점심 무렵에 식당 근처를 지나다가 '점심 특가! 오전 11시부터 오후 3시 삼계탕 8,000원' 이렇게 적힌 현수막을 본 적 있을 거예요. 분명 같은 음식인데 저녁때는 이보다 더 비싼 가격으로 팔고, 점심때에는 가격을 확 내려서 파는 겁니다. 신기하지 않나요? 도대체 식당에서는 왜 이런 행동을 하는 걸까요? 아무래도 점심때에는 저녁에 비해 손님이 적으니까 더 많은 손님을 끌기 위해 할인을 하는 거겠지요. 그런데 만약 이 식당에서 삼계탕 한 그릇을 만드는 데 드는 돈이 평균 1만 원이라면 어떻게 될까요?

10. 회계의 기초와 분식 회계

 회계학에서는 어떤 제품을 만들 때 들어가는 돈을 '원가(原근원원 價값가)'라고 부릅니다. 삼계탕 식당의 경우 원가를 이렇게 계산합니다. 우선 재료비와 가스·전기 요금, 임대료, 그리고 종업원들에게 줄 월급 등 가게에서 한 달 동안 쓴 돈을 전부 더해요. 그런 뒤 한 달 동안 삼계탕을 몇 그릇 만들었는지 세서 나누는 겁니다. 예를 들어 한 달 동안 쓴 돈이 1,000만 원이고, 삼계탕을 1,000그릇 만들었다면 이 가게에서 파는 삼계탕 한 그릇의 원가는 1만 원(1,000만 원÷1,000그릇)이 되는 겁니다.

 자, 그런데 이 식당에서는 점심때 삼계탕을 계속해서 8,000원에 팔면 어떻게 될까요? 한 그릇당 원가가 1만 원인데 8,000원에 팔면 2,000원씩 손해를 보는 거 아닌가요?'라고 생각하는 친구들도 있을 거예요. 하지만 흥미롭게도 회계에서는 이것이 실제로 가능합니다. 회계에는 고정 비용과 가변 비용이라는 개념이 있기 때문이지요.

고정 비용과 가변 비용의 마술

 아까 원가를 계산할 때, 단순하게 식당에서 한 달 동안 쓴 돈을 다 합한 뒤 삼계탕 그릇 수로 나눈다고 했습니다. 그런데 회계학이 발달하면서 원가를 구하는 방식도 고차원적으로 발전했습니다. 바로 원가를 '고정 비용'과 '가변 비용'으로 구분한 것이지요.

 '고정 비용'이란 생산량의 변동 여부에 관계없이 일정하게 지출되는 비용을 뜻합니다. 이 돈은 삼계탕을 몇 그릇 팔았든 상관없이 매월 일정하

게 나가는 돈이에요. 그 예로 종업원의 월급을 들 수 있습니다. 삼계탕이 한 그릇도 안 팔렸어도 직원들의 월급은 약속한 대로 줘야 하니까요. 그리고 가게 자리를 빌린 대가로 내는 임대료도 고정 비용이지요. 삼계탕이 잘 팔렸다고 월세를 더 내고, 잘 안 팔렸다고 덜 내는 게 아니니까요. 애초에 계약할 때부터 매월 일정 금액을 내기로 약속한 겁니다.

그렇다면 '가변 비용'은 뭘까요? 이는 생산량의 증감에 따라 변화하는 비용을 말합니다. 말하자면 삼계탕이 많이 팔리면 늘어나고 적게 팔리면 줄어드는 거지요.

가변 비용의 대표적인 사례로는 어떤 게 있을까요? 그렇습니다. 삼계탕에 들어가는 재료값입니다. 닭고기는 삼계탕이 잘 팔릴수록 더 많이 필요하지요. 찹쌀, 인삼, 채소 등 각종 식재료도 마찬가지입니다. 또 가스 요금도 가변 비용에 속하겠네요. 삼계탕을 많이 끓일수록 가스 요금이 높아질 테니까요.

10. 회계의 기초와 분식 회계

자, 이제 다시 삼계탕 식당으로 가 봅시다. 앞서 이 식당에서 삼계탕 한 그릇당 원가는 1만 원이라고 했습니다. 그런데 조금 더 자세히 살펴보니 원가에는 고정 비용도 있고, 가변 비용도 있더라는 것이지요. 그래서 고정 비용과 가변 비용을 구분해 봤더니 삼계탕 한 그릇의 고정 비용은 4,000원, 가변 비용은 6,000원이 나왔다고 해 볼게요.

여기서 퀴즈 하나 나갑니다. 과연 식당 주인은 삼계탕 가격을 얼마까지 내려서 팔아도 손해를 보지 않을까요? 좀 어렵나요? 일단 1만 원은 아닙니다. 1만 원이면 문제를 낼 리가 없지요. 정답은 '6,000원'입니다. 왜냐고요? 어차피 그릇당 4,000원의 고정 비용은 삼계탕이 팔리건 안 팔리건 무조건 매월 꼬박꼬박 나가는 돈이니까요. 저 돈은 장사를 잘한다고 늘어나거나 장사를 못한다고 줄어들지 않습니다. 따라서 이 식당에서 점심때 삼계탕을 8,000원에 팔았다면 '저 집은 그릇당 원가가 1만 원인데 8,000원에 삼계탕을 팔다니 손해를 보는 거네.'라고 생각해서는 안 됩니다. 그 대신 '저 집은 그릇당 가변 비용이 6,000원이니 8,000원에 삼계탕을 팔아도 2,000원이 남네.'라고 봐야 하겠지요?

하지만 만약 이 식당에서 저녁때도 삼계탕을 8,000원에 팔면 곤란해집니다. 그릇당 8,000원에 팔면 가변 비용, 즉 재료값은 건질 수 있겠지만 결국 1만 원이라는 원가를 채우지 못해 적자를 보게 될 테니까요.

그래서 식당에서는 손님이 적은 점심때에는 가변 비용만 넘기는 선에서 음식을 싸게 팔아 더 많은 손님을 유인합니다. 그리고 저녁때에는 점심때 할인한 가격을 메꿀 수 있을 만큼, 보다 넉넉한 가격으로 팔아서 월세나 종업원 월급 등 고정 비용까지 다 마련하는 겁니다.

분식 회계는 엄연한 범죄 행위

앞서 회계란 '모든 사람들이 회사의 경영 상태를 쉽게 알 수 있도록, 약속한 방식대로 장부를 기록하는 일'이라고 했습니다. 그런데 세상을 살다 보면 나쁜 마음을 먹는 사람들이 꼭 있게 마련입니다. 그중에는 엉망인 회사의 재무 상태나 경영 실적을 감추려는 사람도 있겠지요. 회사의 상태가 좋은 것처럼 보여야 돈을 빌리기도 쉽고 투자를 받기도 좋으니까요. 그래서 사실상 적자인 회계 장부의 숫자를 조작해 흑자로 바꾸거나, 흑자 규모를 열 배, 스무 배로 뻥튀기하는 일이 생기기도 합니다.

이렇게 고의로 회계 장부를 조작하는 것을 바로 '분식 회계'라고 부릅니다.

'분식(粉가루 분 飾꾸밀 식)'은 '실제보다 좋게 보이려고 사실을 숨기고 거짓으로 꾸민다'는 의미입니다. 여자들이 화장할 때 분칠한다고 하지요? 그러니까 쉽게 말하면 분식 회계는 엉망인 회계 장부를 분으로 곱게 칠한 듯 조작해서 그럴싸한 숫자로 바꾼다는 뜻입니다.

10. 회계의 기초와 분식 회계

 이처럼 부당한 방법으로 자산이나 이익을 부풀려 계산하는 분식 회계는 매우 중대한 범죄입니다. 잘못된 회계 정보로 주주※와 채권자※들의 판단을 왜곡시켜 그들에게 손해를 끼치는 일이기 때문이지요.

 2016년 여름에 한국 경제계를 발칵 뒤집어 놓은 '대우조선해양'이라는 회사의 분식 회계 규모는 무려 5조 원대로 추정됐습니다. 장부를 조작하는 방식으로 벌지도 않은 돈을 마치 회사가 벌어들인 것처럼 적어 놓았지요. 이 일 때문에 대우조선해양 전직 사장 등 여러 명이 구속됐고 경제계 전체가 아주 큰 곤혹을 치렀답니다.

※ **주주** 주식을 가지고 직접 또는 간접으로 회사 경영에 참여하고 있는 개인이나 법인
※ **채권자** 특정인에게 일정한 빚을 받아 낼 권리를 가진 사람

11 공기업은 왜 존재할까?

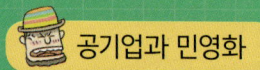 공기업과 민영화

교과 연계
중학 사회① 14. 시장 경제의 이해
중학 사회② 11. 국민 경제와 경제 성장

1999년 볼리비아 코차밤바

어휴, 덥다. 샤워나 좀 해야겠네.

어이, 코리! 어디 가나?

아, 림버!

안녕, 림버. 너무 더워서 집에서 샤워나 하려고.

샤워를 한다고? 자네 미쳤나?

아니, 샤워 좀 한다고 미친 사람 취급하는 건 뭐야?

키워드로 주제 열기

이 황당해 보이는 일화는 1999년 볼리비아에서 세 번째로 큰 도시 코차밤바에서 실제로 벌어졌던 일입니다. 미국 기업 벡텔(Bechtel)이 이 도시의 상하수도 운영권을 단돈 2만 달러(약 2,300만 원)도 안 되는 값에 사들이면서 비극이 시작됐습니다.

벡텔이 수돗물 유통을 장악하자마자 수돗물값은 일주일 만에 네 배나 뛰어올랐습니다. 어쩔 수 없이 주민들은 물을 구하기 위해 악어가 득실대는 강에서 물을 퍼 나르거나 양동이로 빗물을 받아서 쓸 수밖에 없었지요. 그러자 벡텔은 강수량이 줄어든다는 이유로 볼리비아 정부에 압력을 넣어 시민들이 빗물을 받아 쓰지 못하도록 했습니다. 참다못한 시민들은 폭동을 일으켰고 2000년 4월, 정부가 상하수도 **민영화**를 취소하면서 사태가 겨우 일단락됐답니다.

하룻밤 새 수십 배 오른 약값

2015년 9월, 말라리아*나 에이즈*(AIDS 후천 면역 결핍증) 등의 질병으로 고생하던 환자들에게 날벼락 같은 소식이 전해졌습니다. 이들은 '다라프림(daraprim)'이라는 항생제를 복용해야 했어요. 그런데 한 알에 13.5달러(약 1만 6,000원)였던 이 약의 가격이 어느 날 갑자기 무려 750달러(약 90만 원)로 뛰어 버린 겁니다. 약값이 50배 넘게 오른 거지요.

보통 에이즈 환자들은 이 약을 매일 두세 알씩 꼬박 먹어야 합니다. 그런데 약값이 한 알에 90만 원이 되면 환자들은 1년에 많게는 7억 원에 달하는 돈을 내야 돼요.

말라리아나 에이즈는 아프리카나 동남아시아 등 주로 후진국에서 많이 발생하는 질병입니다. 그런 나라에는 7억 원은커녕 700원이 없어서 굶어 죽는 사람도 많습니다. 다라프림 값의 인상은 이들에게 곧 '너희들은 그냥 죽어라'라는 사형 선고나 다름없었습니다.

* **말라리아** 말라리아 병원충을 가진 학질모기에 물려서 감염되는 전염병으로, 고열·설사·구토 등의 증상을 보임
* **에이즈** 인간 면역 결핍 바이러스에 의해 면역 세포가 파괴됨으로써 인체의 면역 능력이 극도로 저하되어 병원체에 대해 무방비 상태에 이르는 병

11. 공기업과 민영화

 도대체 왜 이런 일이 벌어졌을까요? 이 사건의 원인을 제공한 사람은 당시 미국 튜링 제약의 CEO였던 마틴 슈크렐리였습니다. 그는 다라프림을 독점적으로 생산할 수 있는 특허권을 사들였습니다. 이 말은 튜링 제약 외에는 어느 곳도 다라프림을 만들 수 없다는 뜻입니다. 그래서 그는 약값을 무지막지하게 올리고 "살고 싶으면 비싼 가격으로 우리 약을 사 먹어라"라고 배짱을 내민 거지요.
 다라프림 사건은 전 세계에 큰 충격을 안겨 줬습니다. 기업의 목적은 물론 이익을 추구하는 것이지만, 과연 이토록 많은 사람들의 생명을 담보로 폭리※를 취하는 행위가 정당하냐는 비판의 목소리가 거세진 것입니다.

※ **폭리** 지나치게 많이 남기는 부당한 이익

독점 기업의 폐해

경제학에는 '독점 기업'이라는 녀석이 있습니다. 독점이란 8화에서 살펴보았던 것처럼, 한 기업의 제품이 특정 시장을 완전히 장악한 경우를 말합니다. 경제학자들은 독점 기업을 매우 싫어합니다. 독점 기업 제품의 경우에는 가격이 합리적으로 결정되지 않기 때문입니다.

독점 제품의 가격은 말 그대로 파는 사람 마음에 달려 있습니다. 다라프림의 사례처럼 약값이 갑자기 50배 넘게 올라도, 말라리아나 에이즈 환자들은 그 약을 사는 것 외에 다른 방법이 없습니다. 그 약을 먹지 않으면 죽으니까요.

그래서 독점 기업은 가격을 마음대로 결정해 폭리를 취할 수 있습니다.

여기서 한 가지 주의할 점이 있습니다. 독점 기업의 폐해가 모든 시장에서 나타나는 것은 아니라는 점입니다. 예를 들어 우리나라에 줄넘기를 만드는 회사가 단 한 곳만 있다고 가정해 보지요. 이 회사는 분명히 줄넘기 시장에서 독점 기업이기는 합니다. 하지만 그렇다고 해서 이 회사가 다라프림처럼 줄넘기 가격을 마음대로 책정할 수는 없습니다.

줄넘기 회사가 독점 기업이랍시고 줄넘기를 하나당 15만 원에 판다고

11. 공기업과 민영화

생각해 보세요. 그 줄넘기를 누가 살까요? 사람들은 다들 줄넘기 대신 훌라후프를 하지 않겠어요? 아마 학교에서도 줄넘기 수업을 안 하게 될걸요?

독점 기업의 폐해는 주로 해당 독점 제품이 인간이 생활하는 데 꼭 필요한 것일 때 많이 나타납니다. 말라리아와 에이즈 환자들에게 항생제는 꼭 필요한 약이기 때문에 다라프림의 독점이 큰 폐해를 낳았습니다. 반대로 줄넘기는 사람이 살아가는 데 꼭 필요한 것은 아니기 때문에 문제 되지 않는 겁니다.

공기업이 필요한 이유

독점의 폐해가 심한 제품으로는 어떤 게 있을까요? 대표적으로 전기를 들 수 있습니다. 인류는 전기가 없으면 살아가기가 무척 어렵지요. 그런데 어떤 기업이 전기를 독점한 뒤 갑자기 "하루에 전구 하나를 켜는 데 10만 원 받는다!"라고 한다면 국민들은 큰 혼란에 빠질 겁니다.

가스도 마찬가지입니다. 어떤 회사가 가스 시장을 독점한 뒤 "모든 가정에서 온도 1도 높이는 데 15만 원 받는다!"라고 한다면 국민들은 덜덜 떨며 추운 겨울을 보내야만 할 거예요.

 이런 문제가 발생할 수 있기 때문에 존재하는 것이 바로 공기업입니다. 공기업이란 '국가나 지방 자치 단체가 사회 공공의 복리※를 증진하기 위해 경영하는 기업'을 뜻합니다. 공기업의 첫 글자인 '공(公 공적 공)'은 '공적인 영역'을 가리키는 말이에요. 개인의 영역이 아니라 사회적 차원에서 관리해야 할 부분이라는 뜻이지요.

 즉 공기업은 이러한 공적인 영역에서 제품을 만들어 장사를 하는 기업입니다. 당연히 이들 또한 기업이기에 제품을 팔아 돈을 벌지만 이들의 목표는 돈을 많이 버는 게 아닙니다. 전기나 가스 같은 공적인 영역의 제품들은 가격이 급등하면 국민 생활에 큰 불편을 끼치지요. 이러한 시장에 독점 기업이 생길 경우 국민들의 삶은 위협을 받을 수 있습니다.

 이와 같은 이유로 국가가 나서 공기업이라는 형태의 회사를 만드는 겁니다. 국민들의 삶에 매우 중요한 영향을 끼치는 제품을 공기업을 통해 정부가 직접 관리하는 거지요. 정부는 공기업에 직접 개입

※ **복리** 행복과 이익을 아울러 이르는 말

해 전기나 가스 같은 제품의 가격을 국민들의 삶에 불편을 주지 않을 정도로 적절히 유지합니다. 그래서 공기업은 무엇보다 이윤 추구가 최대의 목적인 사기업과 달리 국민들의 삶을 더 중시합니다.

그렇다면 우리나라에는 어떤 공기업들이 있을까요? 한국전력공사, 한국수자원공사, 한국토지주택공사, 한국철도공사, 인천국제공항공사, 한국가스공사, 한국도로공사 등이 대표적인 공기업들입니다. 이들이 관리하는 것은 전기, 수도, 주택, 철도, 공항, 가스, 도로 등으로 모두 국민 생활과 매우 밀접한 상품 혹은 서비스들이지요.

한편 과거에는 공기업이었지만 지금은 사기업으로 변신한 회사들도 있습니다. 이처럼 '국가에서 운영하던 기업을 민간(民 백성 민)이 경영하게(營 경영할 영) 맡기는 것'을 민영화라고 부릅니다.

민영화를 거친 대표적 기업을 꼽자면 'KT'를 들 수 있습니다. KT는 과거 '한국통신'이라는 이름의 공기업이었어요. 'SK텔레콤'의 전신※ 역시 공기업인 '한국이동통신'입니다. 담배 기업 'KT&G'와 철강 업체 '포스코'도 한때 '한국담배인삼공사'와 '포항제철'이라는 이름의 공기업이었답니다.

공기업의 민영화

공기업을 두고 경제학자들 사이에는 서로 다른 두 가지 시각이 존재합

※ **전신** 신분, 단체, 회사 따위의 바뀌기 전의 본체

니다. 하나는 최대한 공기업을 많이 만들어, 보다 넓은 영역에서 정부가 국민들에게 혜택을 베풀어야 한다는 시각입니다.

다른 하나는 공기업을 최소화해야 한다는 시각인데, 이는 공기업이 다른 기업과 경쟁을 하지 않는 탓에 너무 비효율적으로 운영된다고 보기 때문이지요.

공기업의 민영화에 반대하는 사람들이 드는 대표적 사례는 앞서 만화에서 살펴봤던 볼리비아 코차밤바에서 벌어진 '수도 요금 대란'입니다. 상하수도가 민영화되자마자 수돗물값은 네 배 가까이 뛰었고, 결국 이에 반발한 주민들이 폭동을 일으켜 도시 전체는 큰 혼란에 빠졌지요. 이처럼 공기업을 민영화하면 이런 일이 종종 벌어집니다.

반면에 공기업 민영화를 찬성하는 사람들이 자주 드는 예는 1995년 독일에서 일어난 우체국 민영화 사례입니다. 1990년대 중반부터 정보 기

술 혁명이 일어나면서 이메일이 도입됐습니다. 이러한 변화의 흐름 속에, 그간 종이 편지를 주고받던 우체국은 큰 위기에 빠졌지요. 이때 독일 정부는 독일연방우체국을 '도이치포스트'라는 새로운 민간 기업으로 민영화합니다. 경쟁 사회에서 살아남아야 하는 숙명을 맞이한 도이치포스트는 전자 상거래를 시작하고 온라인 광고 서비스도 벌이는 등 혁신을 이뤄 나갑니다. 결국 이 회사는 발 빠른 변혁을 통해 큰 성공을 거두지요.

현재 도이치포스트는 전 세계적으로 1,000개에 가까운 해외 법인을 거느린 거대 기업으로 성장했습니다.

이처럼 민영화에 대해서는 상반된 찬반양론※이 존재합니다. 과연 어느 쪽이 더 나은 길일까요? 요즘 우리나라에서도 철도, 고속도로, 국제공항, 의료 분야 등 다양한 영역에서 공기업을 민영화할 것인지에 대한 논의가 진행되고 있습니다.

이 쟁점의 결론은 결국 우리 사회가 기업의 효율성을 중시하느냐, 아니면 국민의 공적 영역 보호를 우선시하느냐에 따라 정해질 것입니다.

※ **찬반양론** 찬성과 반대로 서로 대립되는 두 가지 주장

12 내 것도 네 것도 아니라면?

공유지의 비극

교과 연계
초등 5학년 1학기 사회 4. 우리 사회의 과제와 문화의 발전
중학 사회② 12. 국제 경제와 세계화

키워드로 주제 열기

이 일은 영국에서 산업 혁명이 막 시작됐을 때 실제 일어났던 사건입니다. 사람들이 누구의 소유도 아닌 공유지 초원에 마구잡이로 양을 풀어 초원이 황폐화된 적이 있었지요. 결국 이 문제를 해결하기 위해 영국은 공유지였던 초원을 분할해 개개인에게 나눠 준 뒤 울타리를 치게 하고, 각자 초원을 직접 관리하도록 했습니다.

이 사례는 1968년 미국의 생물학자 개릿 하딘이 공유지에서 무분별한 환경 오염과 사냥이 일어나는 이유를 분석하기 위해 논문에 인용하면서 더욱 유명해졌습니다.

당시 하딘은 논문 제목을 **공유지의 비극**이라고 붙였는데, 이후 경제학에서는 '자기 소유가 아니라는 이유로 모두가 이기적으로 사용해 공유지가 황폐해지는 현상'을 공유지의 비극이라고 부르기 시작했답니다.

화장실에 휴지가 없어요!

여러분은 '머피의 법칙'이라는 말을 알고 있나요? 이것은 1949년 미국의 에드워드 공군 기지에서 일하던 '머피'라는 이름의 대위가 "어떤 일을 하는 데는 여러 가지 방법이 있고, 그 가운데 한 가지 방법이 재앙을 초래할 수 있다면 누군가가 꼭 그 방법을 쓴다."라고 말한 것에서 유래됐습니다. 일이 좀처럼 풀리지 않고 갈수록 꼬이기만 하는 상황을 나타내는 표현이지요.

살다 보면 이런 일이 정말 많습니다. 특히 사람을 미치고 팔딱 뛰게 만드는 일은, 꼭 내가 들어간 화장실에만 휴지가 없는 겁니다. 갑자기 생리작용이 급해서 공중화장실에 뛰어들었는데, 왜 내가 고른 칸에는 항상 휴지가 없을까요? 아, 나는 머피의 법칙만 적용되는 지지리도 운 없는 사람인 걸까요?

하지만 너무 슬퍼하지 마세요. 사실 공중화장실에 휴지가 없는 일이 잦은 것은 경제학적으로 매우 당연한 현상입니다. 왜 그럴까요? 그 누구에게도 공중화장실 휴지에 대한 소유권이 없기 때문입니다. 누구의 것도 아니기 때문에 모두가 마음껏 사용할 수 있지요. 사람들은 휴지를 아껴 쓸 이유가 없습니다. 내 돈이 들어가는 것도 아니니까요. 또한 공중화장실을 가 보면 지저분하기 짝이 없을 때가 많습니다. 이것도 방금 말한 사례와 같은 맥락에서 설명할 수 있습니다. 우리 집 화장실도 아닌데 사람들이 깨끗하게 쓰겠어요?

경제학에서는 이렇게 당연해 보이는 현상을 '공유지의 비극'이라 이름 붙이고 연구를 거듭합니다. 그렇다고 해서 "와, 경제학자들은 진짜 할 일 없나 보다. 이 당연한 일을 뭘 연구씩이나 하고 그래?"라고 타박하지 마세요. 사실 공유지의 비극은 사람들이 생각하는 것보다 훨씬 더 심각한 사회적 문제를 낳기 때문입니다.

공유지의 비극이란?

공유지의 비극이란 모두가 사용할 수 있는 공공의 자원이 있을 때, 그것을 아껴 쓰지 않고 남용하는 사람들로 인해 자원이 쉽게 고갈되는 현상을 말합니다. 앞서 만화에서도 살펴봤듯이, 양들에게 풀을 먹이는 초원을 모두에게 개방하면 사람들이 너도나도 많은 수의 양을 키우려 할 겁니다. 그렇게 되면 백 마리만 겨우 먹일 수 있을 정도였던 초원의 풀이 금방 사라져 결국 황무지가 돼 버리겠지요.

바다 역시 마찬가지입니다. 바다에 줄을 그어 '여기는 갑순이 바다, 저

기는 갑돌이 바다' 이렇게 정해 놓은 것이 아니라면, 어부들은 앞다퉈 물고기를 많이 잡으려 할 겁니다. 바다가 자기 소유도 아니니 딱히 돌보려 하지도 않겠지요. 그렇게 마구잡이로 물고기를 잡다가 생선이 바닥나면 모두가 망하는 일이 생기는 겁니다.

  공유지는 공공시설, 공기, 천연자원 등 모든 사람들이 함께 사용할 수 있는 자원을 모두 포괄합니다. 공유지의 비극과 같은 현상을 제대로 제어하지 않으면 소중한 자원이 인간의 이기심으로 인해 고갈될 위험에 처하겠지요. 그래서 경제학자들은 이 문제를 어떻게 해결할 것인지에 대해 머리를 싸매고 고민했습니다. 지금까지 제시된 해결 방법은 크게 세 가지로 구분됩니다.

12. 공유지의 비극

비극을 막기 위한 방법

첫 번째 방법은 공유지를 나눠서 개별 사람들에게 재산권을 부여하는 것입니다. '내 소유가 아니기 때문에 아낄 필요가 없어'라는 사람들의 생각을 역이용하는 방법이지요. 소유권이 누구에게 있는지를 분명히 밝히면 각자 자신이 소유하고 있는 구역을 소중히 관리할 테니까요.

실제로 한때 아프리카에서는 밀렵꾼들이 코끼리를 마구 잡아 코끼리가 멸종 위기에 처한 일이 있었습니다. 코끼리 상아가 비싼 가격에 팔렸기 때문에 밀렵꾼들이 너도나도 코끼리를 죽인 탓이었지요. 이 문제를 해결하기 위해 짐바브웨 정부는 특이한 방법을 개발합니다. 코끼리가 사는 지역을 몇 구역으로 나눈 뒤, 각 부족에게 "여긴 A부족 구역, 여긴 B부족 구역이다"라고 정해 준 겁니다. 그러고는 부족별로 해당 구역 코끼리에 대한 사유 재산권※을 부여했습니다.

※ **사유 재산권** 소유자의 의사에 따라 재산의 관리·사용·처분을 자유롭게 할 수 있는 권리

각 부족 구성원들은 심각한 고민에 빠졌습니다. 과거처럼 코끼리를 마구 잡았다가는 자기 구역 안의 코끼리가 멸종될 수 있으니까요. 코끼리가 모두 죽으면 상아를 팔아 수입을 챙길 수도 없지요.

결국 부족원들은 자기 구역 안에서 코끼리를 잡되, 그 숫자를 스스로 적당히 조절해 코끼리가 멸종하는 일이 없도록 돌봤습니다. '내 것'이 생기니 스스로 자원을 아끼게 된 거지요.

경제학자들이 고안한 두 번째 방법은 강력한 힘을 지닌 누군가가 공유 자원을 함부로 쓰지 못하도록 감시하는 겁니다. 대표적으로 정부가 바로 그런 역할을 합니다.

예를 들어 사람들이 공중화장실 휴지를 너무 무분별하게 사용해 문제가 된다면, 정부가 경찰을 통해 "화장실 휴지를 10장 이상 사용하면 처벌합니다"라는 경고와 함께 사람들을 단속하는 것이지요. 물론 이 방법은 돈도 많이 들고(경찰을 더 고용해야 하니까요) 번거롭기도 하지만, 많은 분야에서 실제로 사용되는 방식입니다. 왜냐하면 세상에는 앞서 말한 첫 번째 방법을 사용하기 어려운 일이 종종 생기기 때문입니다.

예를 한번 들어 볼까요? 온실가스란 지구 대기를 오염시켜 온실 효과를 일으키는 가스를 통틀어 이르는 말입니다. 만약 각 나라가 무분별하게 온실가스를 뿜어 대면 지구의 온도는 점점 더 올라갈 것이고, 그에 따라 생태계는 심각한 위기를 맞게 될 겁니다. 그런데 이 온실가스는 '여기는 내 구역, 저기는 네 구역' 이렇게 구분해 관리하는 게 불가능합니다. 어떤 나라에서 잔뜩 뿜어져 나온 온실가스가 그 나라에만 머물러 있을 리 없으니까요. 온실가스라는 것은 어차피 지구 공기를 전체적으로 데우기 때문에 특정 지역에서 뿜어 대도 전 세계가 피해를 입게 마련입니다.

이처럼 '내 구역, 네 구역'을 도저히 구분하기 어려울 때는 강력한 힘을 가진 누군가가 나서 규제를 해야 합니다.

2015년 12월 12일, 국제 연합(UN)은 세계 각 나라들이 정해진 시간까지 온실가스 배출량을 의무적으로 줄이는 내용을 담은 '파리 기후 협정'을 발표했습니다. 각자 자율에 맡기면 아무도 스스로 온실가스를 줄이지 않을 것이므로 세계 대표 기구가 나서 강력한 규율을 만든 것입니다.

이런 식으로 힘 있는 누군가가 규칙을 만들어 공유 자원이 고갈되는 일을 막는 것도 한 방법입니다.

원인도 해결책도 결국 인간에게

　마지막 방법은 공동체가 자율적으로 자원을 아낄 수 있도록 규칙을 만드는 것입니다. 인간은 본래 소통과 신뢰를 통해 서로 돕고 사는 존재라는 사실을 믿는 것이지요.

　물론 이 방법은 현실화하기 쉽지 않습니다. 공유지의 비극이라는 것 자체가 인간의 이기심 때문에 생기는 현상이니까요. 하지만 인간이 서로 관계를 맺고 더불어 사는 존재라는 사실을 굳게 믿는다면 방법이 없는 것도 아닙니다.

　예를 들어 협동조합❋ 같은 조직을 만들어 자원을 고루 배분하는 것이

❋ **협동조합** 경제적으로 약소한 처지에 있는 소비자, 농·어민, 중소기업자 등이 각자의 생활이나 사업의 개선을 위하여 만든 협력 조직

12. 공유지의 비극

좋은 해결책이 될 수 있습니다. 실제로 1970년대 초, 터키 알라니아 지역에서는 어민들이 너도나도 고기를 함부로 잡아 해산물이 고갈될 지경에 이르렀습니다. 그러자 그 지역의 어부들은 스스로 협동조합을 만들어 자체적으로 낚시 순서를 정하고 물고기를 잡는 양도 조절했습니다.

조합에 가입한 어부들은 공평하게 물고기가 많이 잡히는 지역에 똑같은 시간을 배정받았고, 이들은 '물고기를 아껴야만 모두 살 수 있다'는 생각에 이 규칙을 스스로 지켜 나갔답니다.

세 가지 방법 중 어느 것이 최선인지는 모릅니다. 하지만 한 가지 확실한 것은 공유지라는 이유로 자원이 고갈되는 것만은 막아야 한다는 점입니다. 소유권을 분명히 하건, 정부가 나서 감시를 강화하건, 자율적 협동 시스템을 가동하건, 인류 모두의 재산인 자원은 보존돼야 합니다. 따라서 공유지의 비극을 막는 것은 현대 경제학이 여전히 안고 있는 큰 숙제입니다.

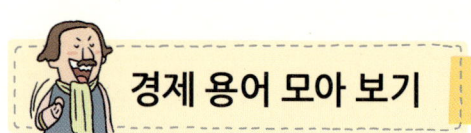

경제 용어 모아 보기

- **가계 대출** 개인이 생활에 필요한 돈을 구하기 위해 금융 기관에서 돈을 빌리는 것이다.

- **가변 비용** 생산량의 증감에 따라 변화하는 비용이다.

- **경기** 물건을 사고팔 때 나타나는 경제 활동 상태를 뜻한다. 경기가 좋은 상태를 호황 또는 호경기라고 하고, 경기가 나쁜 상태를 불황 또는 불경기라고 한다.

- **경제학** 돈의 흐름을 연구하는 학문이다.

- **고정 비용** 생산량의 증감에 관계없이 일정하게 지출되는 비용이다.

- **공급** 상품을 팔 의지를 뜻하며, 상품이 있거나 혹은 상품을 만들 능력도 갖추고 있어야 한다. 보통 수요와 정반대로 움직인다.

- **공유지의 비극** 모두가 사용할 수 있는 공공의 자원이 있을 때, 그것을 아껴 쓰지 않고 남용하는 사람들로 인해 자원이 쉽게 고갈되는 현상이다.

- **공정거래위원회** 공정한 경제 활동을 위해 만들어진 기구이다. 국민 생활에 피해를 주거나 시장 경제 질서를 어지럽히는 등 공정거래법을 위반한 기업이 없는지 감시한다.

- **과점** 두세 개 정도밖에 안 되는 소수의 기업이 시장을 장악한 경우를 뜻한다.

- **규제** 규칙이나 규정에 의해 일정한 선을 넘지 못하게 막는 것을 뜻한다. 특히 국민과 기업의 경제 활동에 제한을 가하는 규제를 '경제적 규제'라고 한다.

- **균형 가격** 수요와 공급이 정확히 같아졌을 때 정해지는 가격을 뜻한다.

- **금융 기관** 예금을 통해 모은 돈으로 기업이나 개인에게 돈을 빌려주거나 투자 등을 하는 기관이다. 일반 은행, 농협, 수협, 보험 회사, 증권 회사 등이 이에 속한다.

- **기업 대출** 기업이 사업에 필요한 돈을 구하기 위해 금융 기관에서 돈을 빌리는 것을 뜻한다.

- **기업 인수** 사들인 기업을 해체하지 않고 관리하는 형태이다.

- **기업 합병** 사들인 기업을 해체해 조직의 일부로 흡수하는 형태이다.

- **기축 통화** 국제 거래 시에 기본으로 사용하는 화폐이다. 주로 미국 돈 '달러'를 사용한다.

- **기회비용** 여러 가지 중에 한 가지를 선택했을 때, 포기한 다른 것으로부터 얻는 효용을 뜻한다. 비용과 편익이 얼마나 차이 나는지 확인하면 합리적인 선택을 할 수 있다.

- **대출** 금융 기관에서 돈이 필요한 사람에게 돈을 빌려주고 이자를 받는 서비스이다.

- **독점** 경쟁 상대가 전혀 없는 단 하나의 기업이 생산과 시장을 지배하여 이익을 홀로 차지하는 현상을 말한다.

- **디스인플레이션** 물가가 지속적으로 높아지고 있으나 상승률이 줄어드는 현상을 뜻한다.

- **디플레이션** 물가가 내리고 경제 활동이 둔화되는 현상이다. 줄여서 '디플레'라고도 한다.

- **무역** 나라와 나라 사이에 서로 물품이나 서비스를 사고파는 일이다.

- **물가** 물건의 값을 뜻하며, 상품이나 서비스의 가치를 종합적으로 본 개념이다.

- **민영화** 국가에서 운영하던 기업을 민간이 경영하게 맡기는 것을 뜻한다.

- **분식 회계** 실제보다 좋게 보이기 위해 적자를 흑자로 조작하거나 흑자 규모를 뻥튀기하는 등 회계 장부를 조작하는 행위이다.

- **비용** 무엇을 얻기 위해 내가 지불하는 대가이다.

- **사유 재산권** 소유자의 의사에 따라 재산의 관리·사용·처분을 자유롭게 할 수 있는 권리이다.

- **수요** 물건을 사고자 하는 의지와 능력이 모두 있는 상태를 뜻한다.

- **수요-공급의 법칙** 수요와 공급에 의해 가격이 변하는 원리이다. 가격이 오를수록 수요는 작아지고 공급은 늘어난다. 반대로 가격이 내려가면 수요는 많아지고, 공급은 줄어든다.

- **수입** 다른 나라로부터 상품이나 서비스를 사들이는 것이다.

- **수출** 국내의 상품이나 서비스를 다른 나라에 파는 것이다.

- **수확 체감** 생산 요소가 늘어난 비율만큼 생산물의 양이 늘어나지 못한 현상을 뜻한다. '규모의 비경제'라고도 부른다.

- **수확 체증** 생산 요소가 늘어날수록 생산량이 기하급수적으로 증가하는 현상을 뜻하며, 주로 분업 효과가 큰 분야에서 일어난다. '규모의 경제'라고도 부른다.

- **시너지 효과** 두 개 이상의 요소가 조화를 이뤘을 때, 그보다 더 큰 긍정적 효과가 나타나는 현상이다.

- **시장 경제** 수요와 공급에 의해 자연스럽게 가격이 결정되는 경제 체제를 뜻한다. 반대로 수요와 공급에 관계없이 나라에서 모든 것을 결정하는 체제는 계획 경제라고 한다.

- **유통** 상품이나 화폐가 경제 활동을 하는 사람들 사이에서 교환되며 이동하는 것이다.

- **열등재** 소비자의 소득이 늘어날 때 수요가 감소하는 재화이다.

- **예금** 은행에 돈을 맡기는 것이다.

- **예대 마진** 은행이 고객에게 예금과 대출을 해 줄 때 중간에서 얻는 이윤을 뜻한다.

- **이자** 다른 사람에게 돈을 빌려 쓴 대가로 치르는 일정한 비율의 돈이다.

- **인수 합병** 기업 합병과 기업 인수가 합쳐진 개념이다.

- **인플레이션** 물가가 오르고 경제 활동이 활발해지는 현상이다. 줄여서 '인플레'라고도 한다.

- **저축** 돈을 모으는 것을 뜻한다.

- **정상재** 소비자의 소득이 늘어날 때 수요도 함께 증가하는 재화이다.

- **주가** 주식의 가격이다.

- **주식** 주식회사의 자본을 구성하는 단위이다.

- **카르텔** 몇몇 기업들이 판매 가격이나 생산 수량 등을 미리 정하고 서로 연합하는 행위를 뜻한다.

- **통화** 각 나라에서 공식적으로 사용하는 돈으로, 유통 화폐의 준말이다. 우리나라에는 동전 10원, 50원, 100원, 500원짜리와 지폐 1,000원, 5,000원, 10,000원, 50,000원짜리가 있다.

- **통화량** 시중에 유통되는 화폐의 양을 뜻한다.

- **투자** 이익을 얻기 위해 어떤 일이나 사업에 돈을 대거나 시간이나 정성을 쏟는 것을 뜻한다.

- **편익** 비용을 내고 얻을 수 있는 만족을 뜻한다.

- **한국은행** 우리나라의 중앙은행으로, 화폐의 양을 조절하는 기구이다.

- **협동조합** 경제적으로 약소한 처지에 있는 소비자, 농·어민, 중소기업자 등이 각자의 생활이나 사업의 개선을 위하여 만든 협력 조직이다.

- **화폐** 사물의 가치를 나타내며, 상품을 교환할 수 있게 하고, 재산을 모으는 수단으로 사용되는 물건이다. 예전에는 가죽, 보석, 농산물 등을 이용했으나, 요즈음은 금속이나 종이로 만든다. 화폐의 모양, 액수, 가치 등은 나라마다 다르다.

- **환율** 한 나라의 돈을 다른 나라의 돈으로 바꿀 때의 비율을 뜻한다. 우리나라 돈을 미국 돈으로 바꾸는 비율은 '원-달러 환율'이고, 일본 돈으로 바꾸는 비율은 '원-엔 환율'이라고 한다. 환율은 나라의 사정에 따라 시시각각 변한다.

- **회계** 모든 사람이 회사의 경영 상태를 쉽게 알 수 있도록, 약속한 방식대로 장부를 기록하는 일이다. 기업에서 돈을 얼마나 벌었는지, 얼마나 썼는지를 모두 기록한다.

콕 짚어 찾아보기

ㄱ

가계 대출	31
가변 비용	123~125
고정 비용	123~125
공급	14~16
공기업	136~139
공정거래위원회	102
과점	100
과징금	103
금리	42~43
금융	26~28
금융 기관	30, 51~53
금융통화위원회	42~43
기업 대출	31
기업 인수	90
기업 합병	90
기준 금리	42
기축 통화	111~115
기회비용	61~67

ㄷ

대체 효과	74~76
대출	50
독점	97~99
디스인플레이션	18~19
디플레이션	13, 16~19

ㅁ

명시적 비용	63~64
무역	110
민영화	137~139

ㅂ

분식 회계	126~127
분업	89
브레턴우즈 체제	107
비용	61~62

ㅅ

사유 재산권	147
상대 가격	74~75
셔먼법	95

소득 효과 ········ 72~73, 76
소비자 물가 상승률 ······· 18
수요 ················· 14~16
수요의 법칙 ········· 75~76
수익률 ············· 49~55
수확 체감 ·········· 86~91
수확 체증 ·········· 86~91
시너지 효과 ········ 90~91

암묵적 비용 ········ 63~66
열등재 ············· 78~79
예대 마진 ······· 30~31, 51
외환 보유고 ············ 114
유럽 연합 ·············· 112
이자 ········· 28~31, 49~50
인수 합병 ·········· 89~90
인플레이션 ········· 13~15

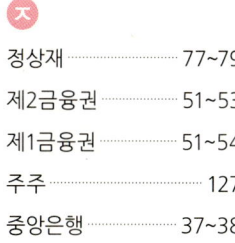

정상재 ············· 77~79
제2금융권 ·········· 51~53
제1금융권 ·········· 51~54
주주 ·················· 127
중앙은행 ··········· 37~38

채권 ··············· 53~54
채권자 ················ 127

ㅋ

카르텔 ················ 101

ㅌ

통화 ··················· 39
통화량 ············· 39~43
투자 ··················· 47
특수 은행 ·············· 37

ㅍ

편익 ··············· 61~62
폭리 ·················· 133

ㅎ

한국은행 ··········· 36~43
한국조폐공사 ······· 38, 41
협동조합 ········· 150~151
회계 ············· 120~123

돌콩 삼총사와 함께 생각의 문을 콩콩콩

신화가 콩! 세계 신화
세계 여러 나라의 쉽고 재미있는 신화와 함께하는 지리·문화 정보

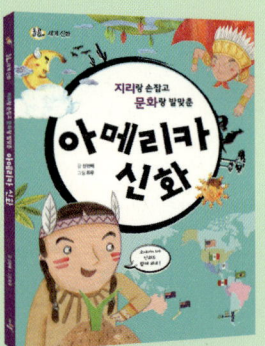

지리랑 손잡고 문화랑 발맞춘 아메리카 신화
글 신현배 | 그림 희우 | 값 10,000원

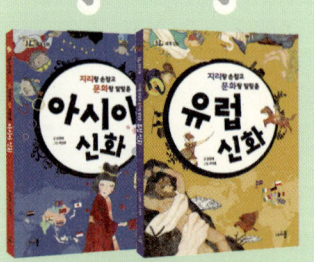

지리랑 손잡고 문화랑 발맞춘 아시아 신화 · 유럽 신화 아프리카 신화
글 신현배 | 그림 이연주 외 | 각 권 값 10,000원

고전이 콩! 옛이야기
2014 학교도서관 사서협의회 추천도서

우리 조상들의 지혜와 교훈이 담긴 초등 필수 옛이야기

01 창의력 우적우적, 쇠붙이 먹는 괴물
글 강민경 | 그림 하효정 | 값 10,000원

02 용기 버림받은 공주, 아버지를 살리다
03 지혜 어험! 내가 최고 어른이니라!
04 리더십 동에 번쩍 서에 번쩍 영웅이 나가신다!
05 인성 어흥! 호랑이 등에 탄 의원

글 강민경 | 그림 양윤미 외 | 각 권 값 10,000원

사회가 콩! 사회 똑똑
옛날 문화, 한국사, 경제, 세계사 등 어린이에게 꼭 필요한 사회 지식

10대를 위한 경제학 수첩 플러스
글 이완배 | 그림 박순구 | 값 10,000원

현대 직업의 원조 옛날 직업 납시오!

10대를 위한 경제학 수첩
외계인 알자무짜의 한국사 사건 파일 1
외계인 알자무짜의 한국사 사건 파일 2
세계사 사건 파일 1
세계사 사건 파일 2

글 김민령 외 | 그림 곽진영 외 | 각 권 값 10,000원

지학사아르볼